わが子に贈る
「人生最高の宝物」

「強み」を生み出す育て方

船津 徹

ダイヤモンド社

はじめに

「自分のやりたいことを見つけて、自分らしく生きてほしい！」

これは親が子どもに抱く共通の願いではないでしょうか。子どもが社会の変化に翻弄されずに、自分らしく幸せに生きていくには、失敗や挫折に負けない「たくましさ」を確立しなければなりません。

私は日米で学習塾を経営し、５０００人以上の子どもたちの教育に携わってきました。たくましさが育つ要因は、家柄、血筋、遺伝ではありません。もちろん親の学歴や職業も無関係です。**「子どもの潜在的な強みを引き出すこと」でたくましさは育つ**と断言できます。

多くの子どもは自分で自分の強みに気づくことができません。だから子どもにとって一番身近な「親」が、子どもの強みを見極め、伸ばしてあげる〝強み育て〟が必要です。

成功体験を積み重ね、「自分はできる！」という自信が大きくなると、子どもの目の輝きは変わり、やる気が高まります。強みに磨きをかけるだけでなく、強み以外のこと、たとえば受験やキャリア形成にも、意欲的にチャレンジできる前向きな性格に育ちます。たとえ困難に直面しても、自分を奮い立たせて、立ち向かえるのです。なぜなら「自分はできる！」と信じているからです。

本書は【子どもの強みの見つけ方・伸ばし方】を、科学的エビデンスをベースに、家庭で簡単に行える35の具体的なメソッドに落とし込んだ1冊です。

「この世に強みのない子など、いない。全ての子が〝強みの芽〟を持って生まれている！ だからこそ、一人ひとりに合った〝強み育て〟が大切だ」。これが、本書でお伝えしたいことです。

本書の前半では、わが子が生まれながらに持つ「気質5タイプ」「才能5タイプ」から「ピッタリの習い事」を判定し「強みの芽」を見極めます。さらに、全タイプの強み育てに不可欠な「やる気の引き出し方」「学業と習い事の両立方法」を体系化しています。

後半では、前半で判定した気質のタイプ別に「学力の伸ばし方」「習い事の選び方」「学校・職業の選び方」までを網羅します。

3つの診断（第1～2章）は最初に取り組んでいただきたいですが、その先の読み方は自由です。順番通りに読む。診断でわかった「わが子のタイプ」のページから読む。目次を眺め、気になった部分から読み、家庭で試してみる。教科書のように読むことも、攻略本のように読むことも可能です！

本書で取り上げる「5つの気質」は全ての子どもに備わっています。気質の「強い・弱い」のレベルが異なるだけなので、お子さんと相性が良さそうなものがあれば、他のタイプの章で紹介しているものでも効果的です。ピンときたものから取り入れてみてください。

「強み育て」がうまくいけば、子どもはポテンシャルを最大限発揮できるようになります。ぜひ最後までお読みいただき、お子さんの「強み育て」の一助にしてください。

船津 徹

「強み」を生み出す育て方　目次

第2章

子どもにベストマッチの習い事を探そう！

本書の読み方　1章・2章では本書の土台となる“3つの診断”を行います。最初にチャレンジしてみてください！

第3章

子どもの「やる気」を引き出す方法

第4章

学業と習い事を両立させる秘訣

第5章 天才気質を伸ばすカギは「家庭」にある

本書の読み方　全ての子どもが「5つの気質」を持っています。
相性に合わせて他のタイプの章で紹介しているものも取り入れると効果的です！

第8章

パフォーマー気質は「行動力」で伸びる！

本書の読み方　全ての子どもが「5つの気質」を持っています。
相性に合わせて他のタイプの章で紹介しているものも取り入れると効果的です！

本書の読み方 全ての子どもが「5つの気質」を持っています。
相性に合わせて他のタイプの章で紹介しているものも取り入れると効果的です！

第1章

子どもの「強み」を見極めよう

01

「ほめる」から「強みを伸ばす」へ

子育てのゴールとは何でしょうか。何をもってして、「子育ては成功した！」とすればよいのでしょうか？

学歴、就職、年収……さまざまな回答が浮かんでくると思いますが、私は、子育てのゴールをこう定義しています。

「子どもが〝自分の強み〟を見つけて、人生を自分で選択できるようにすること」

子育てのゴールは、受験や就職などではありません。当然、親が望む進路を歩んでもらうことでもありません。社会に出ていくわが子が、「自分はこう生きたい」という夢を描き、その目標に向かって自分の人生を突き進んでいく。そのための土台を整えることが、子育てのゴールです。

ひと昔前までは「一生懸命勉強して良い大学に入れば、人生勝ち組」というシンプルな方程式が成立していました。しかし、これまで人間が行っていた仕事の多くをロボットやＡＩが担うようになった現代社会では、もはや一流大学の卒業証書一枚で成功を勝ち取ることはできなくなりました。

「勉強ができて偏差値が高い＝優秀」と見なされる時代は、もう終わったのです。

この事実にいち早く気づいたアメリカの教育は、今、大きく変わりつつあります。

優秀の定義は「偏差値」から「人間力」へ拡大

世界屈指の名門大学であるカリフォルニア大学は2020年、SATやACTと呼ばれる「学力テスト」を入学選考から撤廃しました。これに追随するように、2021年現在、全米約5300大学のうち、入学選考から学力テストを「完全撤廃」した大学が1830校、学力テストの受験をオプション（任意）とする大学が1400校に上っています。

学力テストに代わって注目されてきたのが、「生徒自身の情熱」です。「あなたの強みは何ですか？」「得意なことは何ですか？」という問いに対する生徒の答えで合否が決まります。

ちなみに「打ち込んできたことは受験勉強です」という答えでは、不合格です。どの分野の勉強が好きで、高校時代にどれだけ深く掘り下げてきたのか、どんなチャレンジをしてどんな実績を上げたのか、自分の「情熱」の中身を具体的なエピソードで明示しなければなりません。

さらに、大学で何を学び、将来どんな道に進みたいのかという「自分の情熱」をストーリーに織り込み、大学側に自分の「伸びしろ」をアピールすることが欠かせないのです。

多様性を重視する今、アメリカの大学は、勉強が得意という学生だけを集めるのではなく、スポーツ、音楽、アートなどで卓越した人材、多様な「強み」を持つ学生をキャンパスに取り込むことで「新たな価値」を創造しようとしているのです。**優秀の定義は学力の偏差値だけではなく、自分らしさを発揮できる「人間力」まで広がっている**のです。

これからのアメリカは「国語は得意だけれど算数が苦手」という生徒には「得意な国語で突き抜けよう！」「自分で小説を書いてみよう」と伝え、子どもたち一人ひとりの「強み」を伸ばす教育にシフトしていくでしょう。

「苦手の克服」よりも「強み作り」で子どもは伸びる！

世界的ベストセラーとなった『やり抜く力 GRIT（グリット）』（ダイヤモンド社）の著者、ペンシルバニア大学のアンジェラ・ダックワース教授は、「自分のやっていることを心から楽しんでこそ〝情熱〟が生まれる。成功者たちは、自らの目標に向かって努力することに喜びや意義を感じている」と述べています。

ポジティブ心理学の第一人者、メルボルン大学のリー・ウォーターズ教授は、著書『ストレングス・スイッチ』（光文社）で「子どもの長所を探してさらに伸ばす戦略を取れば、真の才能が覚醒する」と述べています。

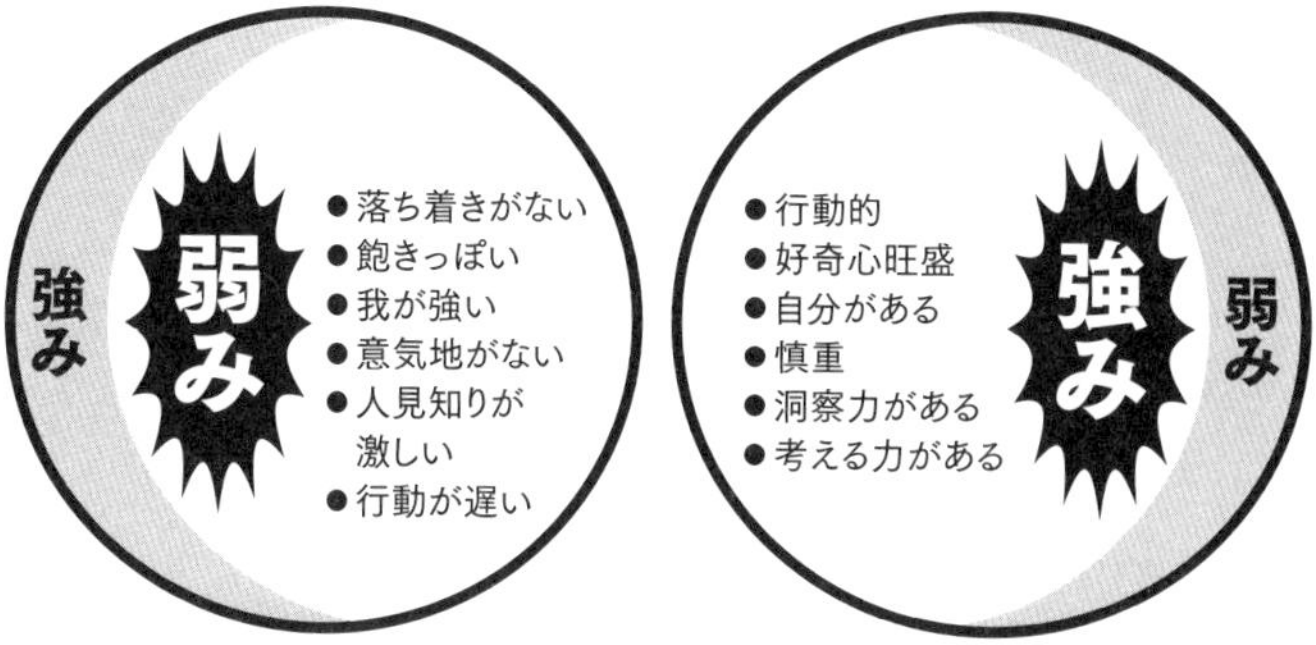

弱みをつつくと
良い面が萎縮する

強みを伸ばすと
悪い面は目立たない

両研究者は、**子どもが自分の「やりたいこと」や「長所」を突き詰めていくことが、「自発的なやる気」につながり、自分らしく自己実現していく原動力になる**点を強調しています。

子育てや教育に関わっていると、どうしても子どもの「悪い面」や「周囲より劣るところ」が目に付くようになります。しかし、「悪い面」と「良い面」はコインの表と裏の関係であり、１つの心の働きです。問題は、親や指導者が「どちらに目を向けるか」です。

たとえば、「落ち着きがない」は、多くの親に共通する悩みですが、「活発でやる気がある」「好奇心が旺盛」という「強み」でもあります。「落ち着きのなさ」を「強み」と捉え、活発な動きが要求されるスポーツに参加させたり、好奇心を刺激する遊びや学びの環境を用意してあげると、子どもの「強み」が覚醒してくるのです。

もちろん「落ち着きのなさ」が消えてなくなることはあり

ませんが、良い面を伸ばしてあげると、**強みが大きくなる分、弱みは小さく、目立たなくなる**のです。

勉強も同様で、「国語は得意だけれど算数が苦手」という子どもには国語をさらに勉強させてモチベーションを高めてあげると、結果として「算数の克服」にもつながっていきます。ざっくりですが、「国語8：算数2」くらいの割合で取り組ませ、国語でずば抜けさせてあげると自信が大きくなります。すると、「算数にも挑戦してみよう！」という意欲が湧き上がってくるのです。

ほめて育てると本当に「やる気」が上がるのか？

子どものやる気を高めるノウハウとしてアメリカから輸入され、日本でも定着したのが「ほめる子育て」です。「知能が高くなる」「自己肯定感が高くなる」など、ほめる効果を裏付ける学術研究が次々と発表され、家庭や学校に浸透していきました。

では、ほめられて育った子どもたちはどうなったのでしょうか？　気になりますね。

アメリカで「ほめる子育て」で育った最初の世代は、1980年代初めから1990年代後半までに生まれた「ミレニアル世代」です。

2013年に『タイム』誌は「The Me Me Me Generation／私、私、私世代」というタイトルでミレニアル世代の特集記事を組みました。その中で、ミレニアル世代を「自己顕示欲が強く、ポジティブな楽観主義者である半面、怠け者で、権利の主張ばかりするナルシストで、親に依存している」と手厳しく評価しています。

たっぷりほめられて育ったミレニアル世代は、やる気に満ちあふれ、輝かしい人生を突き進んでいるかと思いきや、仕事を転々とし、親への経済的依存度が高く「自立できない傾向が強い」ことがさまざまなデータでわかってきています。

どうして、こんなことになってしまったのか？

もちろん「ほめることは良いこと」です。しかし、ほめ方にはコツがあります。**子どもを手放しにほめてしまうと、おかしなことになってくる**のです。

自分がどれだけがんばったのかは、本来、子ども自身が一番よくわかっています。子どもの自己肯定感を高めようと、大して努力もしていないのに、「すごいね！」「才能あるね！」と子どもをほめてばかりいると、「がんばらなくても僕はすごいんだ！　特別なんだ！」と勘違いさせてしまい、自発的なやる気をそいでしまう危険性があるのです。

子どもが勘違いするリスクを減らしやる気を上げるには、なんとなくほめるのではなく、「良い面を具体的にほめる」ことが効果的です。「パズルを解くのが本当に早いね」「絵の色使いがユニークで素敵だね」と、**子どもが持つ強みの芽を「具体的に」ほめましょう。**子どもは良い面をより強く意識するようになり、実際にその部分が伸びていきます。すると、「自分はできる」という根拠に裏付けられた自信が大きくなり、「やる気」が高まるのです。

今、必要なのは「強みを作る」子育て

一方で、1996年以降に生まれたZ世代の子どもたちは、より「自分らしさ」に価値を感じる傾向があります。私自身もZ世代の子どもをアメリカで育てた親の一人であり、彼らが「人とは違うオリジナルな自分」を重視していることを実感しています。

「多様性を受け入れよう」「違いを認め合おう」という気持ちが強く、人とは違う自分らしさを「強み」として、SNSを通して肯定的にアピールすることに抵抗感がないのです。

さらに、生まれた時からデジタル機器やインターネットに囲まれて育ち、AI、ロボット、ソーシャルメディアがあるのは当たり前。社会で自立するには、テクノロジーに負けない「専門性」と「人間力」が要求されることを肌感覚で理解しています。

そんなZ世代の特性を活かすには、子育ての重点を「強みの育成」へとシフトしていくことが大切です。**これまでの「偏差値教育」や「平均的に何でもできる人材育成」では、欲求が満たされないばかりか、個性や才能の芽をつぶすことにもなりかねません。**

子どもに関わる大人たち（教育者、親、地域コミュニティ）が協力して、子どもの「良い面」や「強み」を見つけてあげる。子どもが本気で情熱を傾けられる「何か」を見つけたら、大人たちが応援して、高いところへ引き上げてあげる。

強みを見極め・伸ばす「強み育て」を意識して子どもたちと接することで、全ての子どもが生来持っている才能を開花させ、自分らしさを発揮しながら経済的に自立し、活躍する未来につながります。

私は日米で長らく教育に関わっていますが、日本社会も確実にアメリカと同じ方向に向かっています。近い将来、どのような「らしさ」を持ち、どのようにユニークなアプローチで社会に貢献できるのか、すなわち**「子どもの強みは何なのか」が、あらゆる場面で求められる**ようになるでしょう。

いざ社会に出て、「やりたいことがわからない」「何に向いているのかわからない」「どう生きたいのかわからない」と行き詰まる、「なんとなく生きる大人」に育てないためにも、「強み作り」を意識した子育てに今こそシフトする大切さを声高に訴えたい。それが、本書を通して私が皆さんにお伝えしたいことです。

02 「気質」が子どもの伸びしろを決める！

研究者気質だね！
スポーツの素質があるね！
音楽の才能があるね！

気質、素質、才能。どれも人の能力を評価する時に使う言葉ですが、意味を明確に使い分けている人は少ないと思います。

本書でお伝えする「強み作り」は、どの子にも生まれつき備わっている3つの特性、
気質＝性格的特性（例：優しい）
素質＝身体的特性（例：背が高い）
才能＝技能的特性（例：リズム感がある）
を明確に分け、その中から「優れた部分」を見極めることからスタートします。

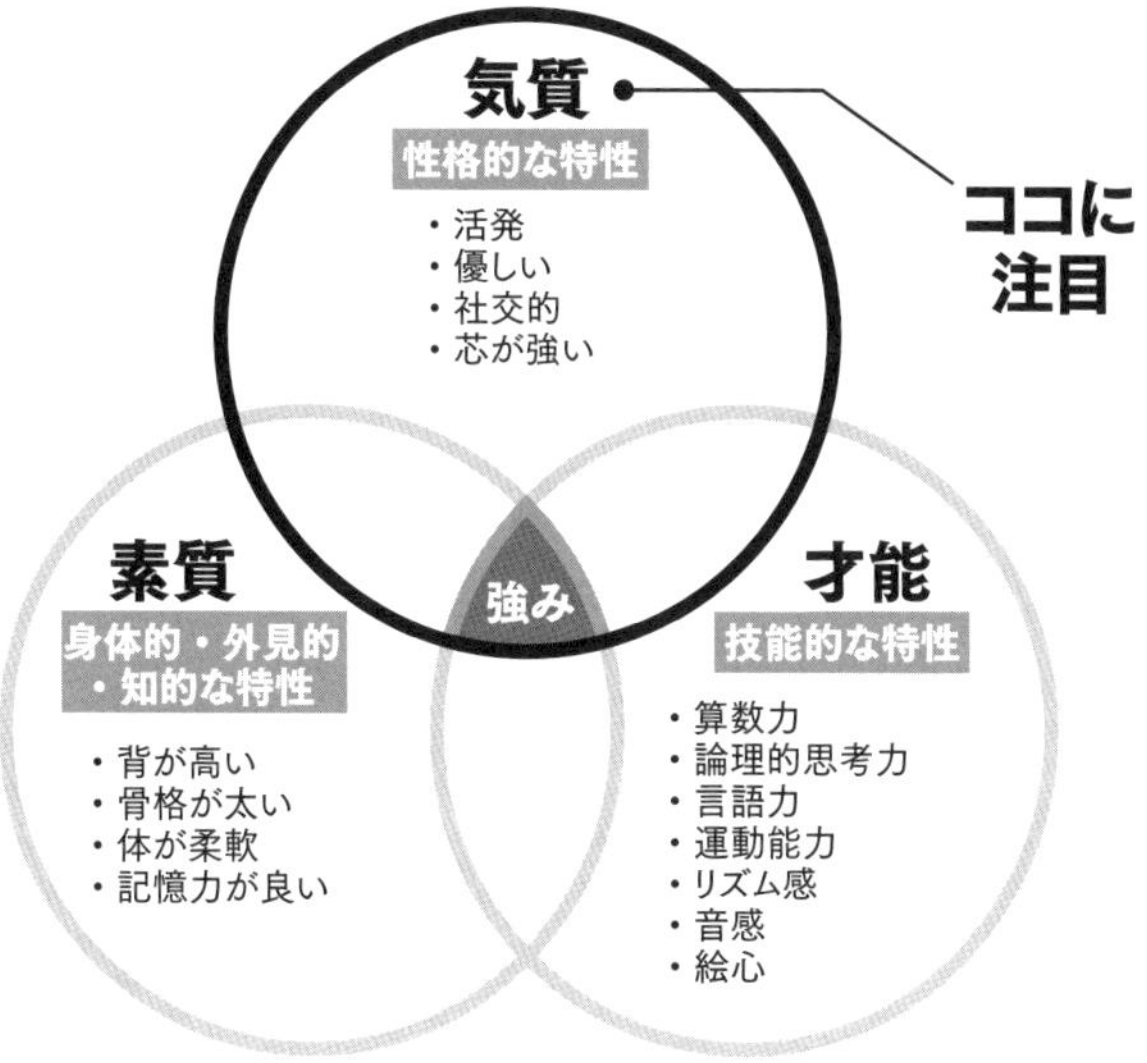

まずは、性格的特性である「気質」に注目します。

「強み作り」で最も重要なのは【気質】

実は、子どもの「強み作り」で一番大切なのは「気質」です。なかでも、**気質の中から良い部分を特定する**ことが不可欠です。気質に合わないことは楽しめないからです。楽しめなければやる気が出ず、長続きしない。長続きしなければ強みにならないのです。

多くの親は、「素質」や「才能」を優先しがちです。確かに「体が大きい」という素質（身体的特性）や、「リズム感が良い」という才能（技能的特性）はわかりやすいですね。それでも、素質や才能を優先して気質を無視するのはおすすめしません。

「体が大きい」子は、一見してスポーツの素質があることがわかります。しかし子どもの気質が「優しい」という場合、勝ち負けが伴う競技スポーツを心からは楽しめないもの。楽しめなければ、やる気が出ず、上達ペースが（気質に合っている子よりも）遅くなります。その結果、自信につながらないのです。

反対に「負けず嫌い」な気質の子は、たとえ体が平均よりも小さいというハンデがあっても、競技スポーツで活躍できる可能性は高まります。気質を見極め、気質に合った環境を提供できれば、技能習得が早まり「強み作り」が成功しやすいのです。

強み作りは「気質の見極め」から。子どもの気質に合わない環境に入れても精神的なストレスを与えるだけなのです。

「気質」は生まれつき備わり、一生変わらない

気質は生まれつき備わっているものであり、基本的には一生変わりません。気質とは心理学用語で、人間の性格の中心にある精神・感情面の傾向（強弱）のことです。「活発・おとなしい」「頑固・飽きっぽい」など、強弱によって印象が変わります。

気質は一生変わらない、性格は環境で変わる！

「気質」と「性格」の違い

性格もほぼ同じ意味で使われますが、「周囲の環境によって変わる」点が異なります。家庭環境、親の育て方、育つ土地、学校、子ども自身の努力や経験によって変わりやすいのです。

たとえば、海外で育つ日英バイリンガルの子どもは、日本語と英語を話す時に性格がガラリと変わることがあります。日本語を話す時は物静かで優しい雰囲気の子が、英語を話す時はアグレッシブで直接的になったりします。

つまり、環境（集団社会）に適応するために、子どもは成長の過程で性格を作ります。多くの場合、自分が属する集団社会に受け入れてもらうために、ありのままの自分を少しだけ変えています。

気質は変わらないが、性格は環境によって変わるのです。子どもの気質を見極める時は、環境によって形成された性格と混同しないように注意してください。「外ではいい子で家では暴れん坊」という場合、暴れん坊が子どもの気質です。

気質は子どもが一番安心できる環境でリラックスしている時に現れます。親子関係が良好で、子どもが親を信頼していれば、「家庭で過ごしている時の様子」に子どもの気質が隠れています。子どもが遊んでいる時や、何かに集中している時はどんな様子か。何をするのが好きで、行動にどんな傾向があるのか、観察してみましょう。

子どもが小学生以上の場合は、乳幼児期にどんな性格的な特徴があったのか、思い出してみてください。甘えん坊でお母さんから離れられなかった、何時間も一人で黙々とブロックを作っていた、活発でしょっちゅう怪我をしていた、そんな子ども時代のエピソードの中に「気質」が隠れています。

「軸になる気質」は〝ビッグファイブ〟で見極める

1990年代にアメリカの心理学者ルイス・R・ゴールドバーグ氏は、人の性格は「5つの気質の組み合わせ」によって作られるとする「ビッグファイブ理論」を提唱しました。現在も世界中の性格診断テストや適性検査に活用されている理論です。

「5つの気質」はこちらです。

開放性：好奇心、探究心、美的感性（強い・普通・弱い）
誠実性：まじめ、勤勉、几帳面、コツコツ（強い・普通・弱い）
精神耐性：情緒の安定、機嫌が良い、楽観的（強い・普通・弱い）
外向性：外向的、社交的、話し好き、活発（強い・普通・弱い）
協調性：チームワーク、仲間意識、気配り（強い・普通・弱い）
＊精神耐性は本来の理論では「神経症的傾向」という名称です。言葉にネガティブな印象を含むため、本書では「精神耐性（メンタルの強さ）」と置き換えます。

ビッグファイブ理論によると、子どもの「個性」や「らしさ」は、5つの気質が異なるレベル（強弱）で組み合わさってできています。だから、同じ家庭環境で育った兄弟姉妹であっても個性が一人ひとり異なるわけです。

それでは実際に、子どもの「軸になる気質」を見つけましょう！
直感で構いません。次のページで10の質問に答えてみてください。

【ビッグファイブ診断をやってみよう！】

ビッグファイブ診断は本来60以上の質問があるのですが、本書では子どもの気質を簡単に判断できるように10項目の簡易テストを使います。

	わたしの子どもは＿＿＿	キーワード	まったく（当てはまらない）	やや（当てはまらない）	どちらともいえない	まあまあ（当てはまる）	完全に（当てはまる）
1	すば抜けた探究心・好奇心で大人顔負けの知的行動をする	好奇心、審美眼、独創的、知的	0	1	2	3	4
2	真面目でしっかり者、きちんと物事をこなす	勤勉、真面目、素直、誠実	0	1	2	3	4
3	情緒が安定していて、普段は穏やか、年齢より大人びている	情緒安定、マイペース、成熟	0	1	2	3	4
4	外交的で活発、誰とでもすぐ仲良くなれる	社交的、活発、親しみやすい	0	1	2	3	4
5	思いやりがあり親切で、優しい人柄だ	親切、気遣い、世話好き	0	1	2	3	4
6	ルーティンを好み、環境の変化が苦手だ	無関心、保守的、ルーティン	4	3	2	1	0
7	衝動的で考えずに行動するうっかり者だ	軽率、衝動的、無計画	4	3	2	1	0
8	心配性で「泣く」「怒る」「ぐずる」など感情表現が豊かだ	神経質、心配性、敏感性	4	3	2	1	0
9	人見知りで慎重、控えめな人柄だ	人見知り、慎重、内気、受け身	4	3	2	1	0
10	友だちと仲良く遊べない、集団行動が苦手だ	自分勝手、わがまま、自己中	4	3	2	1	0

参照：小塩真司、阿部晋吾、Pino Cutrone（2021）「日本語版 Ten Item Personality Inventory（TIPI-J）作成の試み」
質問内容は子ども向けに調整しています。

採点方法

- 1の点数＋6の点数＝開放性 → **天才気質**
- 2の点数＋7の点数＝誠実性 → **研究者気質**
- 3の点数＋8の点数＝精神耐性 → **商人気質**
- 4の点数＋9の点数＝外向性 → **パフォーマー気質**
- 5の点数＋10の点数＝協調性 → **共感者気質**

当てはまる「強い気質」が１つもないという場合は、「どちらかというと強い」で構いません。何か１つ子どもの「軸になる気質」を見つけてください。「５つの気質」は、どの子にもまんべんなく備わっています。それぞれ気質の「強い・弱い」のレベルが子どもによって異なるだけです。

「うちの子は内向的で、わがままで、飽きっぽくて、神経質で、無関心です！」という方は、ネガティブな気質の裏側にある「良い面」に目を向けてみてください。気質の弱さは「良い面の裏返し」です。子どもの悪い部分に目を取られて良い面を見逃さないようにしましょう。

それぞれの合計点が０〜４点の場合、その特性の要素は低めと判断します。合計点が５〜８点の場合、その特性の要素は高めと判断します。たとえば、外向性が８点であれば「相当外向性が高い」。協調性が６点であれば、「まあまあ協調性が高い」と判断していきます。合計点が６〜８点の気質が３つ以上ある場合、親目線で上位２つの気質を選んで構いません。合計点数が高い上位２つを記入してください。軸になる気質がわかると、子どもの強みが見えてきますね！

★わが子の軸になる気質１：

★わが子の軸になる気質２：

気質別の「ほめポイント」を押さえよう！

◉開放性が高め＝天才気質

天才肌で個性的な子どもが当てはまります。**周りと違うことを否定せずに、個性を認めてあげる**と、美術、建築、科学、数学、工学など幅広い才能を発揮したレオナルド・ダビンチのように、多様な分野でずば抜けた才能と独創性を発揮する可能性を秘めています。

ほめポイント
独創的だね、目の付けどころが違うね、発想が違うね、ユニークだね、感性が鋭いね

◉誠実性が高め＝研究者気質

研究者気質が強い子どもは、探究心と集中力を兼ね備えています。野口英世やアルバート・アインシュタインのような強い好奇心を持ち、1つのことに根気強く向き合えます。**本気で取り組める「何か」を見つけてあげる**と、子ども自身の意欲で突き抜けていくことができます。

ほめポイント
集中力があるね、探究心があるね、博識だね、論理的だね、分析力があるね

◉精神耐性が高め＝商人気質

商人気質が強い子どもは、負けず嫌いでチャレンジ精神があります。アップルの創業者スティー

ブ・ジョブズ氏のように、新しいことにチャレンジし、失敗してもあきらめずに挑戦し続けられる強い心を持っています。**健全な競争環境を与えてあげる**と何事も高いレベルに到達できます。

ほめポイント　がんばり屋だね、信念があるね、熱意があるね、意志が強いね、へこたれないね

◉外向性が高め＝パフォーマー気質

パフォーマー気質が強い子どもは、社交的で明るく誰とでも打ち解けることができます。薩長連合を仲介した坂本龍馬のように「人から好かれる力」を活かし、リーダーシップを発揮するタイプです。**集団の習い事や活動に参加させてあげる**と潜在能力が開花しやすくなります。

ほめポイント　社交的だね、明るいね、陽気だね、積極的だね、バイタリティーがあるね

◉協調性が高め＝共感者気質

共感者気質が強い子どもは、優しく思いやりのある人柄で、調和を好みます。ノーベル平和賞を受賞したマザーテレサのように、親切で慈しみのある子どもです。年齢、性別、人種などを超えて**多様な人と関わる環境を与えてあげる**と、能力を発揮しやすくなるでしょう。

ほめポイント　優しいね、親切だね、思いやりがあるね、こまやかだね、よく目が届くね

03 「素質」は子どものルーツに隠されている

子どもの「強み」は、気質、素質、才能が重なる部分にあります。前項では、精神面の特性である「気質の軸」を見極めました。次は、「素質の特定」にチャレンジしましょう。

素質は子どもに生まれつき備わっている「身体的特性」であり、人間を物理的に構成している「ハードウェア」です。背が高い、手足が長いなどの「外見的な特性」や、筋力が強い、手先が器用などの「身体能力的な特性」があります。背が高ければバスケットボールで有利になるように、ハードウェアの特性を最大限に活かすことで「強み作り」がスムーズに進むようになります。

ルーツを探れば、素質が見える！

素質の多くは、親や祖父母など祖先から子へ遺伝的に受け継がれます。たとえば、親の身長が高い、親の体格が良いという場合、子どもも同じことが多いです。

子どもの素質を探るため、まずは親がどのような身体的特徴を持っているのかを分析してみましょ

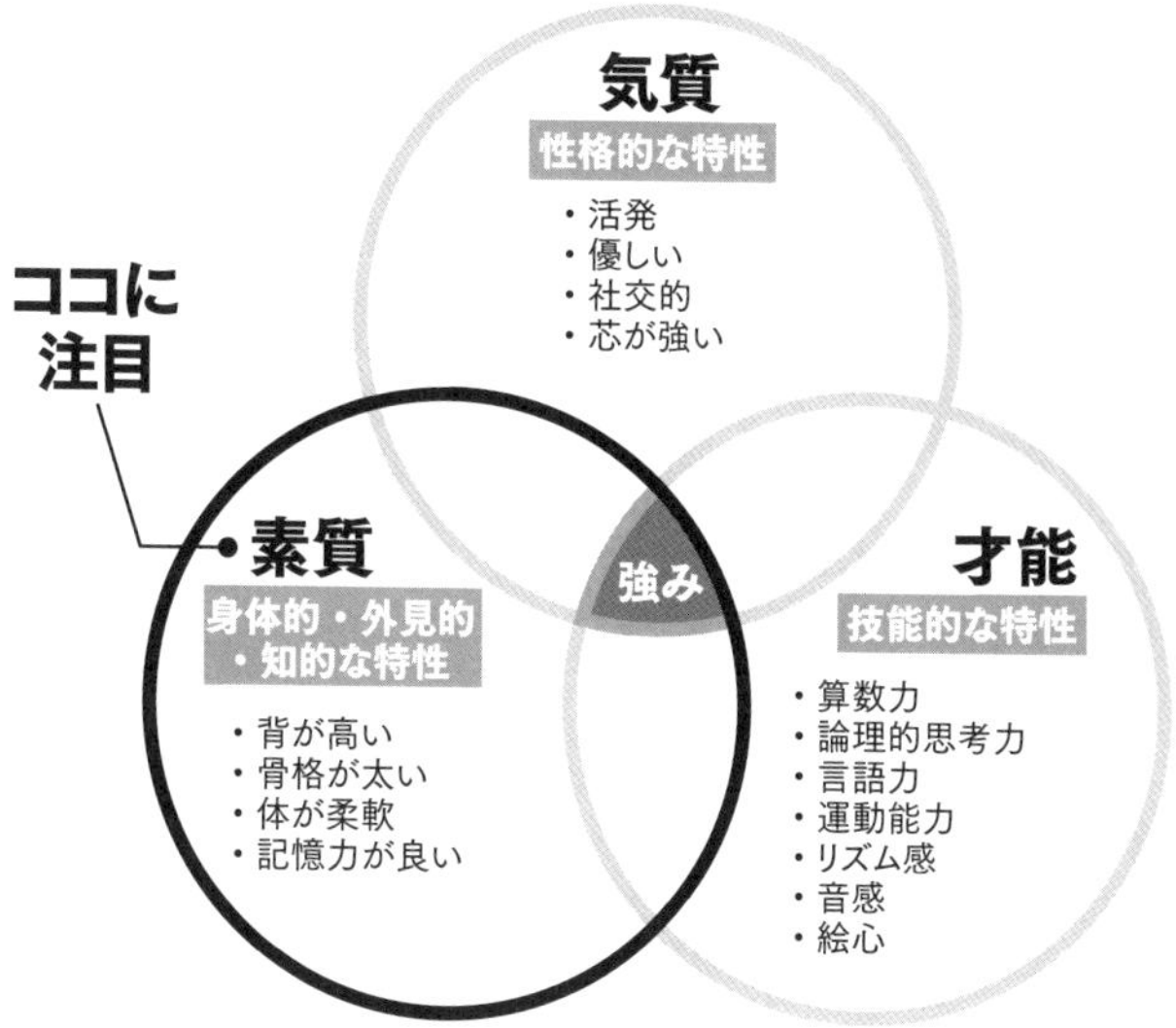

う。「両親とも平均的な背格好で、容姿もごく普通、身体能力も人並みです！」という場合は、さらに細かく分析していきます。手足が長い、手先が器用、体が柔軟、腕力や握力が強いなど、何か人とは違う身体的な特徴があるはずです。

それでも何も出てこないという場合は、祖父母や曽祖父母までさかのぼってみましょう。

また親（や祖父母）がやっていたスポーツ、楽器、趣味などを探っていくと、子どもに秘められている「素質の可能性」が見えてきます。**家族のルーツをひもとくことは、子どもの素質を見極める上で大いに参考になる**のです。

ちなみにアメリカでは、「Ancestry.com」というウェブサイトが人気です。これは、先祖を何世代もさかのぼり、自分のルーツを探すサービスです。アメリカでも、自分のルーツを探すことで、自分の隠れた可能性を発見したり、自己を再認識しようというトレンドが高まっているのです。

外見的素質を特定しよう

子どもの素質には「外見的素質」と「身体能力的素質」があります。

外見的素質は、見た目の特徴のことです。スタイルが良い、容姿端麗などです。外見的な素質は一般に「良い」とされる部分がフォーカスされがちですが、実は、反対も強みになります。

たとえば、競馬の騎手や競艇選手は身長が低い方が有利とされています。ボクシング、柔道など体重制限があるスポーツも背の低さ（体重コントロールが楽なので）が強みになります。体操、トランポリンなど、複雑な回転を伴うスポーツも背が低い方が有利と考えられています。

容姿も同様で、一般的に美形と考えられている人だけが有利なわけではありません。特徴的な顔立ち、目立つ顔立ち、愛嬌がある顔、人懐こい表情、こわもても特性になります。最近は脇役（助演）に特化した俳優や、個性的な体形や容姿を持つタレントやモデルに人気が集まるなど、外見的な多様性を「売り」にする動きが世界中で広がっています。

日本には子どもの外見にはふれない方が無難という雰囲気がありますよね。「〝美人だね！〟〝かわいいね！〟と子どもの容姿をほめると、中身に価値がないと子どもが思い込んで自己肯定感が育たない」と言う教育専門家もいるようです。

しかし、外見の美しさは子どものアイデンティティの一部です。良いものは良いと伝えてあげるのは悪いことではありません。かわいい、きれい、カッコいい、背が高い、スタイルが良いという容姿は間違いなく「武器」になるのです。

大人になってから「自分の外見は強みなんだ！」と気づくよりも、**子どもの頃から自分の特性を知り「ポジティブに活用しようとする思考習慣」を身につけておく方が、はるかに有利**です。回り道をすることなく、夢や目標に近づくことができます。

もちろん「私は美人よ」「僕はイケメンなんだ」と自慢したり、お高くとまるようになっては困ります。しかし、子どもが自分の容姿の特徴的な部分、たとえば「愛嬌がある」などを自覚していれば、初対面の人と打ち解ける必要がある面接や商談などで、自分の良い部分をポジティブに活用できるようになるのです。

次のキーワードの中から、子どもに当てはまる外見的素質を探してみましょう。該当する言葉が見当たらない場合は、子どもの外見で特徴的な部分（背が低いなど一見悪いと思われている部分でも構いません）を書いてください。

【外見的素質のキーワード】

背が高い、* 体が大きい、手足が長い、首が長い、スタイルが良い、容姿端麗、目が大きい、鼻筋が高い、顔が小さい、目鼻立ちがはっきりしている、美人、笑顔がかわいい、手が大きい、指が長い、骨太、体格ががっちりしている、肩幅が広い、筋肉質、骨格が細い、肌がきれい

■わが子の外見的素質：

＊子どもの年齢が低く、身長が高くなるかわからないという場合、親の身長を参考にしてください。遺伝学に関する国際学術誌『Nature Genetics』で発表された「身長と遺伝の関係」の研究によると、身長は80％の確率で親から遺伝するそうです。

身体能力的素質を特定しよう

身体能力的素質は、バランス感覚、反射神経、筋力、柔軟性、手先の器用さなど、生まれつき子どもに備わっている「身体能力面での特性」です。主にスポーツ、楽器演奏、ダンス、アートなどの技

能習得に関わってきます。身体能力はトレーニングによって伸ばすことも可能ですが、**生まれつきの「能力差」は確実に存在します**。

たとえば「足が速い」というのは生まれつきの素質です。日本人アスリートがどれだけ科学的なトレーニングを行って、走る技術を身につけても、体の作り、筋肉のつき方、筋肉の質、バネの強さが生来優れている外国人短距離選手には（多くの場合）かないません。

身体能力的素質を見極めることによって、子どもがどんな分野の技能習得に優れているのかがわかります。注意点は、子どもをプロにするわけではありませんので、**あまり評価基準を高めず、「親目線で」子どもの優れている部分を見つける**ことです。

前述の通り、身体能力的素質には遺伝も深く関連します。そのため、親がやっていたスポーツ、楽器などを子どもと一緒にやってみると、子どもの身体能力的素質が見えてきます。

子どもの身体能力の優れた部分がわからないという方は、子どもが遊んでいる様子を観察してみましょう。家で絵を描いたり、パズルをしたり、ブロックを組み立てたりするなど、細かい作業が得意な子は「手先が器用」。公園でうんてい（モンキーバー）や鉄棒で遊ぶのが得意な子は「握力が強い」「腕の力がある」。ドッジボールでキャッチするのがうまい子は「動体視力が高い」。ドッジボールで当てるのがうまい子は「肩が強い」。何時間も走り回っている子は「持久力がある」。狭い縁石の上をスイスイ歩ける子は「バランス感覚が良い」。跳び箱が得意な子は「ジャンプ力がある」などです。

小学生以上の場合、学校で行う身体（体力）測定の数値を見ると身体能力的素質が見えてきます。何かに突出していなくても構いません。また数値が平均以下でも「うちの子は運動音痴」とがっかりしないでください。周囲との比較ではなく、あくまでも**その子にとっての「得意分野」を見つけることが目的**です。

子ども一人ひとりが持つ身体能力的素質がわかると、習い事の方向性がはっきりしてきます。次のキーワードの中から当てはまるものを探してみましょう。該当する言葉が見当たらない場合は自由に書き出してください。

【身体能力的素質のキーワード】

腕力が強い、握力が強い、肩が強い、足腰が強い、背筋力が強い、バランス感覚が良い、足が速い、敏しょう性が高い、瞬発力がある（刺激に反応して速く動く力）、持久力がある、ジャンプ力がある、動体視力が良い、ハンドアイコーディネーション（目と手の協調力）が良い、球感が良い（ボール扱いがうまい）、手先が器用、左利き、柔軟性が高い、身体表現力が高い（ジェスチャーを使って表現する力）

■わが子の身体能力的素質‥

頭脳的素質（もしあれば）を特定しよう

「頭脳的特性」は「ごく一部の人」に与えられる贈りものであり、全ての子どもに該当するわけではありません。記憶力がずば抜けて良い、理解力がずば抜けて高い、集中力がずば抜けて高い、IQがずば抜けて高いという知的な素質です。

アメリカでは生まれつき知能が高い子どもは「ギフテッドチャイルド」と呼ばれ、学校で特別な天才育成プログラムを受けることができます。一般にIQ130以上の人がギフテッドに分類され、割合は人口の「上位2％」くらいといわれています。ギフテッドの中でもさらにずば抜けた能力（IQ160以上）、たとえば写真記憶、絶対音感、瞬間計算などを備える人は、上位「2％」の中で「100人に1人」程度といわれています。

アメリカの臨床心理学者でギフテッドカウンセラーのリンダ・シルバーマン博士は、「親や親戚にギフテッドがいる場合、子どもがギフテッドになる可能性が高くなる」と述べています。頭脳的素質も遺伝的要素が強いですから、わが子に当てはまらなくてもがっかりしないでください。子どもに該当する言葉が次の中にある場合、書き出しましょう。

【頭脳的素質のキーワード】

記憶力がずば抜けて良い、集中力がずば抜けて高い、理解力がずば抜けて高い、言語発達がずば抜けて高い、数字への興味がずば抜けて高い、計算がずば抜けて早い、パズルを解くのがずば抜けて早い、空間認識力がずば抜けて高い、知的好奇心がずば抜けて旺盛

わが子の頭脳的素質（もしあれば記入）：

04 「才能」は5つの領域から見極める

子どもの「強み」は、気質、素質、才能が重なる部分にあります。最初に必要なのは性格面の特性である「気質」を見極めること。そして次のステップが、身体的特性（遺伝的要素）である「素質」を特定することでした。

最後に子どもの「技能面の特性」である「才能」を見つけていきます。才能とは、「特定分野の技能習得に優れている」という意味です。

スポーツ、音楽、アート、将棋、プログラミング、そろばん、書道など、たくさんの活動のうち、何が子どもに最も「ハマる」のかを見極めていきましょう。

才能は「5つの領域」に分かれている

本書では、子どもの「才能」を次の5つの領域に分類します。

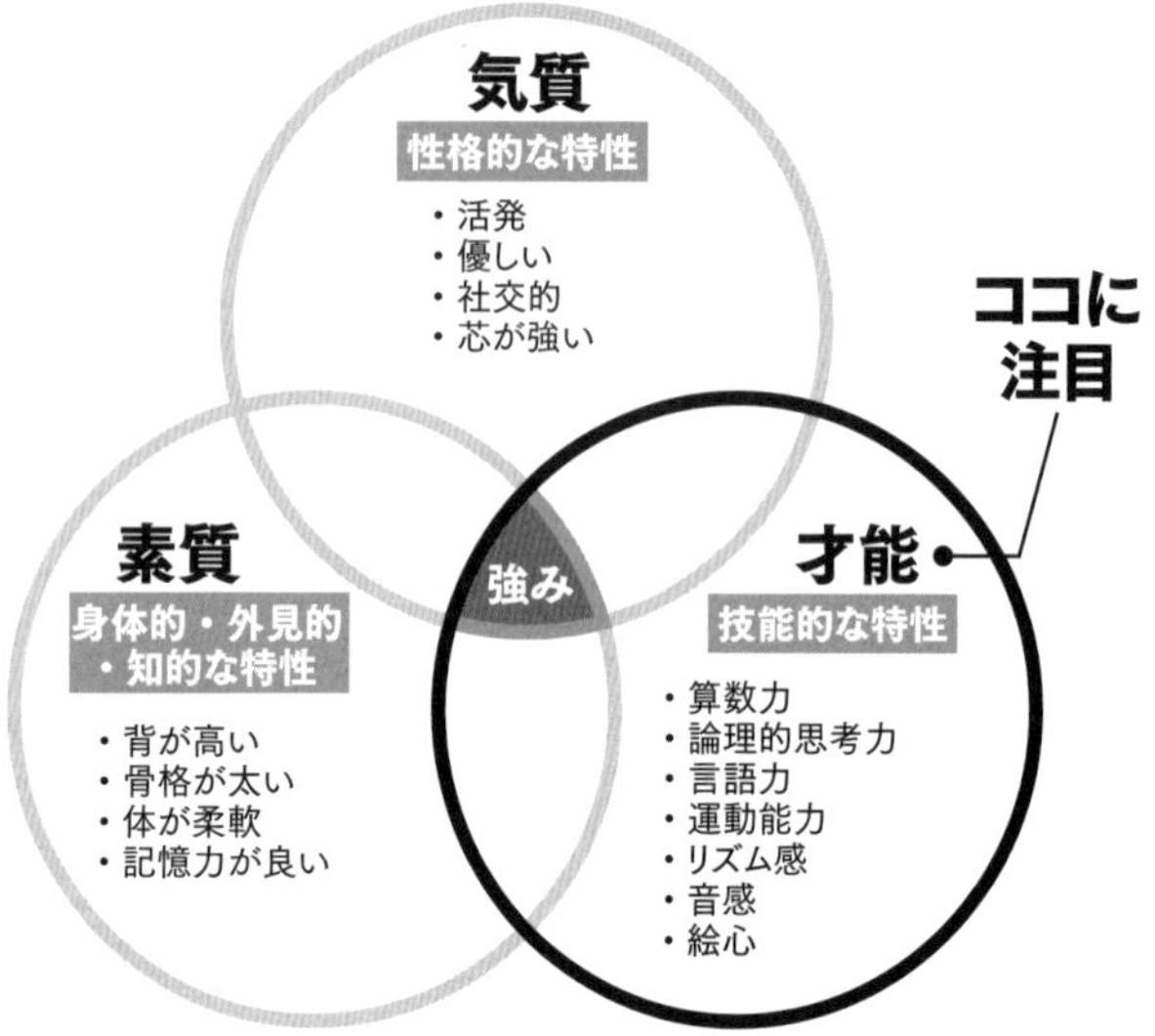

---

① **STEM的才能**（数字に強い、パズル、ボードゲームなどが得意）

② **言語・博物学的才能**（本が好き、話が好き、動植物や自然が好き）

③ **運動的才能**（体を動かすのが好き、スポーツが得意、手先が器用）

④ **音楽的才能**（歌が好き、音楽に反応する、リズム感が良い）

⑤ **アート的才能**（絵やデザインを描くのが好き、造形やクラフトが好き）

どの子にも右記の各才能について「強い・弱い」が存在します。ある才能が強く、ある才能が弱いというのが普通であり、全てにおいて才能が強い子（あるいは全てにおいて弱い子）は、私の知る限り、存在しません。

子どもの「強み作り」において大切なのが**「わが子はどの才能が強いのか（＝どの分野の技能習得が得意なのか）」を見極めること**です。子どもの才能に合った習い事、活動、環境を提供すれば、その分野の技能習得がスムーズに進みます。つまり、効率的に強みが作りやすくなるのです。

5つの分類をするに当たって、「多重知能理論（Theory of Multiple Intelligences）」という理論を参考にしました。これは、ハーバード大学教授で認知・教育学者のハワード・ガードナー博士が提唱した理論です。「人間の知能＝複数の才能の強弱の組み合わせ」と定義しています。「人間にはＩＱでは測定できない多重な才能（intelligence）がある。だから得意なこと、不得意なことがあるのだ」と、ガードナー博士は言います。

多重知能理論の本質は、〝人間の才能を複数の領域から見極め、学力や技能習得に活かすこと〟です。原文の「Intelligence」を「知能」と直訳するとニュアンスが変わってしまうため、本書では「Intelligence」を「才能」という言葉に置き換えて解説します。

ガードナー博士によると、人間の才能は次の8つに分類できます。

① 論理・数学的才能
② 言語・語学的才能
③ 身体・運動感覚的才能

④　音楽・リズム的才能
⑤　視覚・空間的才能
⑥　対人的才能
⑦　博物学的才能
⑧　内省的知的才能

今回は、子どもの特性をより正確に見極めるために、（失礼は承知の上で）ガードナー博士の多重知能理論に次のアレンジを加えました。

1　「対人的才能」と「内省的知的才能」は「気質」に関わる分野なので割愛します。
2　「視覚・空間的才能」は「アート的才能」に置き換えます。
3　「言語・語学的才能」と「博物学的才能」は「言語・博物学的才能」にまとめます。
4　「論理・数学的才能」は現代のニーズに合わせて「STEM的才能」に置き換えます。

＊博物学的才能は論理に強い「STEM的才能」ではないか？と感じる方もいるかもしれません。しかし、博物学的才能がある子は、概して「言語力が高い」傾向があります。本書では動物、昆虫、魚の名前を覚えたり、幅広い知識を身につける力の原点は「言語力」であると判断しました。

子どもの「才能」を見つけよう！

それでは、5つの才能のうちどれがわが子に一番「強く」備わっているのか、診断してみましょう。あまり深く考えず、次ページの表で子どもに該当する数字に○をつけてください。

それぞれの合計点が0～8点の場合、その分野についての技能習得力は低めと判断します。合計点が9～16点の場合、その分野の技能習得力は「高め」です。たとえば、音楽的才能が15点であれば音楽的な技能習得力が「相当高い」です。言語・博物学的才能が12点であれば言語・博物学的技能習得力が「まあまあ高い」と判断します。上位2つを書き出してみましょう。

注意点として、この才能診断はあくまでも「目安」です。人の才能は「強い・弱いの組み合わせ」で成立しており、完全に区別・分離することはできません。「STEM的才能が低く、アート的才能が高い」という場合、アートの技能を高めることで、STEM的才能を開花させることも可能なのです。点数が低い分野について「うちの子に○○の才能はない」と決めつけないようにしましょう。

◎わが子の1番目に強い才能：

◎わが子の2番目に強い才能：

【才能診断】をやってみよう！

わたしの子どもは＿＿＿＿＿＿＿＿

		まったく（当てはまらない）	やや（当てはまらない）	どちらともいえない	まあまあ（当てはまる）	完全に（当てはまる）
1	立体パズル、オセロ、将棋など頭を使う遊びが好き	0	1	2	3	4
2	計算が得意、数字への抵抗感がない	0	1	2	3	4
3	好奇心が旺盛で質問をよくする	0	1	2	3	4
4	機械やおもちゃの仕組みに興味がある	0	1	2	3	4
5	一人でいる時によく本を読んでいる	0	1	2	3	4
6	動物や昆虫などについて学んだり、世話をするのが好き	0	1	2	3	4
7	語彙が豊富で大人とおしゃべりするのが好き	0	1	2	3	4
8	手紙や日記など文章を書くことが好き	0	1	2	3	4
9	体を動かすこと（運動）が好き	0	1	2	3	4
10	バランス感覚が良く、動きが機敏	0	1	2	3	4
11	モノを投げたりキャッチするのが得意	0	1	2	3	4
12	手先が器用で細かい作業が得意	0	1	2	3	4
13	よく歌ったり、ハミングしたりする	0	1	2	3	4
14	音楽やリズムに体が自然に反応する	0	1	2	3	4
15	音が出るおもちゃで遊んだり、音を出すことが好き	0	1	2	3	4
16	TVコマーシャルのメロディや歌詞をすぐ覚える	0	1	2	3	4
17	絵を描いたりデザインするのが好き	0	1	2	3	4
18	図鑑や写真集、映像などを見るのが好き	0	1	2	3	4
19	クラフトや工作などモノ作りが好き	0	1	2	3	4
20	ごっこ遊び、空想遊び、演じるのが好き	0	1	2	3	4

採点方法

1 ～ 4の点数合計 ＝ ＿＿＿＿点 → STEM的才能

5 ～ 8の点数合計 ＝ ＿＿＿＿点 → 言語・博物学的才能

9 ～ 12の点数合計 ＝ ＿＿＿＿点 → 運動的才能

13 ～ 16の点数合計 ＝ ＿＿＿＿点 → 音楽的才能

17 ～ 20の点数合計 ＝ ＿＿＿＿点 → アート的才能

STEM的才能が強い子どもの特徴とほめポイント

STEM的才能が強い子どもは、パズルやトランプ、ボードゲームなど、**頭を使う遊びが好き**です。数字に対する抵抗感が少なく、**数を数えたり、計算するのも得意**です。どうしたら問題解決できるのか分析したり考える、論理的思考力に長けています。

STEM的才能を伸ばすには、**家庭で子どもの思考を刺激する遊びを増やすのが効果的**です。オセロ、将棋、囲碁、チェスなどのボードゲームで遊んだり、トランプ（神経衰弱、七並べ、大富豪など）、アルゴ（数のカードゲーム）、UNOなどのカードゲームで遊ぶ機会を増やしましょう。

また、子どもが一人でも遊べる立体パズル、レゴなどの組み立てブロック、知恵の輪、タングラム（図形パズル）などを買い与えておくと、子どもが遊びながら思考力を伸ばしてくれます。

小学生以上の子どもにはコンピューターを与えて、タイピング、基本ソフト（ワード、エクセル、音楽や動画編集ソフトなど）の使い方、簡単なプログラミングを教えてあげると「ハマる」かもしれません。関心を示したら、ファースト・レゴリーグ、ロボティクスなどの競技会に参加させてあげると、さらにSTEM的才能を高めることができます。

ほめポイント

よく考えているね、計算が得意だね、頭の回転が速いね、細かい作業が得意だね、思考が柔軟だね

言語・博物学的才能が強い子どもの特徴とほめポイント

言語・博物学的才能が強い子どもは、**本を読んだり、図鑑を眺めるのが好き**です。文字に対する感性が強く、語彙が豊富で、**お話をしたり、聞いたりするのも好き**です。また動物、魚、昆虫、駅、車などの名前を覚えるのが得意で、知識が豊富です。全ての子に当てはまるわけではありませんが、身の回りにあるモノや事象を分類したり、共通点や細かい違いを発見する能力に長けています。

勉強が得意な子が多いのも特徴です。**家庭に多様な分野の本、図鑑、百科事典などを置いておく**だけで、子どもが勝手に知識を積み上げてくれます。また動物園、水族館、博物館、科学館など、**好奇心を刺激するような場所に頻繁に連れていく**と、さらに知識を深めることができます。

外国語の習得力も高いですから、家庭内に英語環境を作る（英語のアニメを見せたり英語の本を置いておく）ことで英語知識もどんどん吸収します。世界の多様な文化を紹介したり、世界の不思議なことにふれる機会を増やすことで才能が開花します。

ほめポイント　お話がうまいね、記憶力がいいね、物知りだね、読書家だね、表現力が豊かだね

運動的才能が強い子どもの特徴とほめポイント

運動的才能が強い子どもは、体を動かす遊びが好きです。ボールで遊んだり、ダンスをしたり、テレビのスーパーヒーローになりきったりする遊びを好みます。一般に活発、運動神経が良い、手先が器用といわれる子どもです。

才能を伸ばすには、**体を使った遊びを多く取り入れることが一番**です。親子でキャッチボールをしたり、鉄棒やジャングルジムで遊んだり、かけっこをすると効果的です。また、ローラースケートやスケートボードなどのバランス感覚を養う遊びを取り入れると、才能が開花します。

運動面の才能は、親に経験があるスポーツから始めるとより適性が見つけやすくなります。親子で野球をすれば「肩が強い」「ボールをキャッチするのがうまい」「バットに当てるのがうまい」など、子どもの「才能の芽」がわかりますね。まずはいくつかのスポーツを親子で試し、子どもがどの分野のスポーツに向いているのか、見極めてあげましょう。

ほめポイント

足が速いね、スタミナがあるね、体のキレがいいね、手先が器用だね、ジャンプ力があるね、体が柔らかいね、力持ちだね、反射神経がいいね

音楽的才能が強い子どもの特徴とほめポイント

音楽的才能が強い子どもは、一人でいる時に歌や鼻歌を歌ったり、音楽に合わせて体を揺らしたり、ピアノや音の出るおもちゃなどに関心が強いという傾向があります。**「音」や「リズム」にふれる環境を増やしてあげる**と、才能が開花します。

絶対音感の有無ではなく、音程を取るのがうまい、メロディを簡単に覚えられる、リズム感がいい、声がかわいい、というレベルで捉えてください。

音楽的才能は子どもが一生使える「強み」です。楽器や歌が得意になれば、「音」を通して世界中の人たちとコミュニケーションが取れるようになります。

家庭では、子ども向けの歌、親が好きな歌、世界中の歌、ジャンルの異なる音楽（ピアノ、弦楽器、オーケストラ、ジャズなど）を、BGMとして小さな音量でかけ流しましょう。子どもがどんな「音」や「リズム」に関心があるのかわかります。また、ピアノ、太鼓、弦楽器、笛など多様な楽器（おもちゃレベルで十分）で遊ばせると、子どもが得意な分野がわかります。親子でカラオケをしたり、楽器演奏を楽しむなどもおすすめです。

ほめポイント
素敵な声だね、リズム感がいいね、上手に弾けるね、いい音だね（楽器を弾いた時）、
音程が正確だね

アート的才能が強い子どもの特徴とほめポイント

アート的才能が強い子どもは、絵を描いたり、粘土で遊んだりするのが好きです。親から言われなくても一人で絵を描いたり、塗り絵をしたり、工作をしているような子どもは、アートの才能ありです。家庭では、子どもが自由に絵を描けるように画材を豊富に用意しましょう。折り紙、お絵描きボード（磁気ボード）、マグネットブロック、積み木なども、アート的才能を伸ばす優れたツールとなります。これらの玩具を身の回りに置いておくと、子どもが自分で技能を伸ばしていきます。

さらに、**よく描けた絵を「立派な額縁」に入れて家に飾りましょう**。家を訪れた祖父母や親戚、ママ友などから「〇〇ちゃんは本当に絵が上手ね」とほめてもらえます。これが子どもの「自信」を大きくし、「もっと上手な絵を描こう！」というモチベーションにつながります。

子どものアート的才能を伸ばすには、たくさん絵を描くことが一番です。モチベーションを維持できるように、具体的にほめることが大切です。

ほめポイント　迫力があるね、今にも動きだしそうだね、丁寧に描けているね、色の使い方がユニークだね

第2章

子どもにベストマッチの習い事を探そう！

05 賢い親は「3つの視点」で習い事を探す

第2章では子どもの「3つの特性」に基づき「ベストマッチの習い事」を見つけていきます。最初に、習い事探しで重要な3つの原則を解説します。

①地の利を活かす
②中学・高校の部活につなげる
③スキマ狙い

地の利を活かす

皆さんがお住まいの地域には盛んなスポーツや文化活動がありますか？

私が暮らすハワイでは、水泳、サーフィン、セーリングなどのウォータースポーツが盛んです。

日本ではマイナースポーツかもしれませんが、男性選手が大多数を占めるセーリングで活躍する若き女性セーラーがシージェイ・ペレス選手です。ハワイ生まれのペレス選手は、セーリングをする家庭で育ったわけではありませんが、ハワイで開催されるセーリング競技を見て興味を持つようになりました。中学生になって本格的に指導を受け始めると、すぐに力をつけ大人（男性中心）の大会に参戦、ランキングを上げました。高校1年生の時に北米選手権で初の女性選手として優勝。高校2年生（２０１９年）の時には世界選手権で優勝しました。

ペレス選手はハワイで暮らしていなければ、セーリング競技自体に興味を持たなかったかもしれません。いつでも練習できる豊かな環境があり、レベルの高い指導者やライバルが身近にいることも、彼女が短期間で世界トップ選手になれた要因です。

このように、子どもの習い事を高いレベルに引き上げるには**「地の利を活かす」**ことが大切です。スポーツだけではありません。日本では、ヤマハ、河合楽器製作所など世界に名だたる楽器メーカーが本社を構える静岡県は、音楽が盛んなエリアとして知られています。芸術・アートであれば、世界的な美術館やアートに関わる文化施設が多い東京都が子どもの技能を伸ばすには良い環境です。

皆さんが住んでいる地域にも盛んなスポーツや文化活動があると思います。そのような活動には、良き指導者、レベルの高い競争相手、協力的な地域社会、充実した練習施設など、子どもの技能を高める上で理想的な環境が整っています。

習い事を中学・高校の部活につなげられたら理想！

地の利を活かすことに関連してぜひリサーチしておいてもらいたいのが、通う可能性がある中学や高校にどのような部活動があるかです。あまり知られていませんが、部活の種類、特に運動部は、全国共通ではなく、地域による特性があります。

子どもの習い事は長く続けることが理想です。小学校時代に習い事として取り組んできた活動を中学・高校の部活につなげることができれば、学齢期を通して継続できる可能性が飛躍的に高まります。子どもが「今」取り組んでいる習い事、あるいはこれからやらせてみたい習い事の延長線上に中学や高校の部活があるか、調べてみましょう。該当する活動がある場合、その習い事に小学校時代から（本気で）取り組むことで、中学・高校の部活でスーパースターになれるかもしれません。

現在、中学では30のスポーツ（うち10種は参考競技）、高校では36のスポーツが公式に認められており、地区大会、県大会、全国大会が行われています。次のリストを参考に子どもの習い事と部活の関係をイメージしてみてください。

習い事が部活にはない場合も、長く続けられる方法を考えてみましょう。一般のチームに参加してみたり、年齢制限がない教室に通ってみたり、選択肢はたくさんあります。音楽・アート・ダンスなどパフォーマンス系の習い事であれば、ＳＮＳなどで発表の機会を作ってあげるのもよいですね。

中学運動部一覧	高校運動部一覧	中学・高校文化部
陸上	陸上	合唱
駅伝	体操	吹奏楽
水泳	新体操	管弦楽（オーケストラ）
バスケットボール	水泳（競泳）	日本音楽
サッカー	水泳（飛び込み）	軽音楽
ハンドボール	水泳（水球）	ジャズバンド
軟式野球	バスケットボール	吟詠剣詩舞
体操競技	バレーボール	マーチングバンド
新体操	卓球	バトントワリング
バレーボール	ソフトテニス	チアリーディング
ソフトテニス	ハンドボール	ダンス
卓球	サッカー	応援団
バドミントン	ラグビー	美術・工芸
ソフトボール	バドミントン	華道
柔道	ソフトボール	茶道
剣道	相撲	書道
相撲	柔道	写真
スキー	スキー	放送
スケート	スケート	囲碁・将棋
アイスホッケー	ボート	弁論
軟式テニス	剣道	かるた
ホッケー	レスリング	新聞
なぎなた	弓道	自然科学
レスリング	硬式テニス	調理
弓道	登山	パソコン
ラグビー	自転車競技	マンガ・アニメ
空手	ボクシング	ボランティア
フィギュアスケート	ホッケー	
アーチェリー	ウェイトリフティング	
	ヨット	
	フェンシング	
	空手道	
	アーチェリー	
	なぎなた	
	カヌー	
	少林寺拳法	
	野球（インターハイ外）	
	馬術（インターハイ外）	
	ゴルフ（インターハイ外）	
	合気道（インターハイ外）	

「スキマ狙い」も成功の秘訣

ここでもう1つ！　習い事を成功させる秘訣を伝授します。

それが**「スキマ狙い」**です！

子どもが習い事を始める時、その分野で「花形」になってもらいたい！と多くの親が期待します。

野球であればピッチャー、サッカーであればフォワード、オーケストラであればバイオリン、吹奏楽であればトランペットというイメージです。

抜きんでた才能がある子や、身体的素質に恵まれている子でしたら「花形狙い」もありでしょう。でも、ごく普通の才能の持ち主の子の場合、「スキマ狙い」に切り替えると、その習い事で成功できる確率がグンと高まります！

サッカーチームでは、どの子も「目立つ」ポジションにつきたいと考えます。自分の素質や才能とは無関係に、カッコいいからというのが理由です。だからフォワードやミッドフィールダーなどの「点に絡む」ポジションは子どもたちに大人気です。

しかし、同時に相手の攻撃を守るディフェンダーやゴールキーパーのような「地味な」ポジションもチームの勝利には欠かせません。むしろ、勝敗を決定づけるのはディフェンス力だったりします。でも最初から「キーパーをやりたい！」という子どもはほとんどいないのです。

音楽を始める時も、多くの子どもがバイオリンやフルートやクラリネットなどをやりたがります。でもオーケストラはバイオリンやフルートだけでは作れません。ビオラ、チェロ、コントラバス、ファゴット、パーカッションを演奏する人が必要です。調和の取れた美しい音楽を作る上で、これらの楽器は欠かせません。

子どもの習い事の目的は、プロにすることではありません。長く続けて「強み」に引き上げること

が第一のゴールです。その分野で自分の特性を活かせるポジションを狙い、長く続けて一定以上の成功を収めることが重要なのです。

ごく普通の能力の子どもが、トップレベルを目指すのであれば、「花形狙い」から「スキマ狙い」へと戦略を変えることを考えてみましょう。子どもの気質と素質を十分に活かせる習い事があるように、その習い事の中で子どもに合ったポジションがあるはずです。

大リーグで活躍したイチロー選手も「1番でライト」です。左打ちが得意で、足が速いという「強み」を最大限に活かしたからこそ、メジャーリーグでも長くトップ選手として活躍できたのです。もしイチロー選手がピッチャーで4番を目指していたら、大リーグで18年間も活躍できていなかったかもしれません。

多くの場合、子どもは自分で自分の「特性」に気づくことはできません。親が子どもの良い部分を見つけて、「あなたはこれに向いているよ」「ここがすごいんだよ」と教えてあげてください。子どもが自分の「特性」を意識し、その部分を伸ばすことに集中すると、速いスピードで「強み」へとレベルアップできます！

（1）地の利を活かす、（2）中学・高校の部活につなげる、（3）スキマ狙い、この3つを念頭に置きながらいよいよ「ベストマッチの習い事」探しのスタートです！

06 最強の習い事は「気質×才能×素質」でわかる！

子どもの「3つの特性」に基づき「ベストマッチの習い事」を見つけていきます。17ページ、24、27ページ、33ページで導き出したわが子の気質、素質、才能をもう一度こちらに書き出してください（3つの特性を覚えておくと、子どもへの声がけや対応に一貫性が生まれ、強み作りがスムーズに進みます）。

p.17参照

★わが子の気質1：

★わが子の気質2：

p.24参照

■わが子の素質（外見的特徴）：

p.27参照

■わが子の素質（身体能力的特徴）：

p.33参照

◎わが子の才能1：

◎わが子の才能2：

ステップ1「気質」から子どもに合うスポーツを選択する

習い事選択で、どの家庭でも検討すべきなのが「スポーツ」です。詳細は本書で後述しますが、心身の健康はもちろん、学力、対人関係、やる気など人間形成全般に良い影響を与えてくれるからです。「うちの子は運動神経がないからスポーツは無理」「才能診断で運動的才能が弱かったからスポーツには向かない」と決めつけずに、**何か1つ子どもが長く続けられるスポーツ、一生を通して趣味にできるようなスポーツを見つける**ことを「強く」おすすめします。

家の外に出て思い切り体を動かしたり、仲間と共通のゴールに向かって切磋琢磨したり、本気で競争する経験は、子どもの「やる気」「対人スキル」「自己肯定感」などの「非認知能力」を高めます。スポーツで培った非認知能力は勉強面にも良い影響をもたらしてくれますから、受験で忙しい場合も、可能な範囲でスポーツの習い事を検討してください。

ポイントは、「気質」に合ったスポーツを選ぶことです。スポーツには競争が伴いますから、気質に合っていないと楽しむことができません。たとえば、気の弱い性格を矯正しようと「共感者気質」の子どもに激しい身体接触がある柔道などに取り組ませても、楽しめないのです。

スポーツにおける競争は、「自己競争」「ガチ競争」「集団競争」「表現競争」の4つに分類できます。この中から子どもの「気質」に合った競技を選ぶことがカギです。

「自己競争」はスコアやタイムの向上を目指す「自分との戦い」です。ゴルフ、陸上競技、水泳などが該当します。集中力が高く、コツコツと物事に取り組むことが得意な「天才気質」「研究者気質」の子どもは「自己競争」で伸びやすい傾向があります。

「ガチ競争」とは「一対一のガチンコ対決」によって勝敗がはっきりと決まる競争のこと。テニス、卓球、柔道、剣道などが当てはまります。負けず嫌いで粘り強い「商人気質」の子どもは「ガチ競争」に参加させると伸びるケースが多いです。

「集団競争」とは、「チーム単位の競争」によって勝敗が決まるスポーツです。たとえばサッカー、野球、バスケットボールなどです。外交的で活発な「パフォーマー気質」や、チームワークを重視する「共感者気質」の子どもに向いている分野です。

「表現競争」は、「技術力と表現力を第三者（審査員）が審査（採点）する分野」です。バレエ、ダンス、新体操などが該当します。調和を愛する「共感者気質」、身体表現が得意な「パフォーマー気質」、

わが子の気質（上位2つ）に番号を振り、子どもに合いそうなスポーツに ✓ をつけてください

[　　] 天才気質（自己競争）	[　　] 研究者気質（自己競争）	[　　] 商人気質（ガチ競争）	[　　] パフォーマー気質（集団競争）	[　　] 共感者気質（表現競争）
☐ 陸上競技	☐ 陸上競技	☐ テニス	☐ ドッジボール	☐ 体操／新体操
☐ 弓道	☐ 水泳	☐ ソフトテニス	☐ サッカー	☐ トランポリン
☐ アーチェリー	☐ 弓道	☐ 卓球	☐ 野球	☐ チームダンス
☐ 射撃競技	☐ アーチェリー	☐ バドミントン	☐ ソフトボール	☐ チアリーディング
☐ ゴルフ	☐ 射撃競技	☐ 柔道	☐ バレーボール	☐ バトントワリング
☐ ボーリング	☐ ゴルフ	☐ 空手	☐ バスケットボール	☐ アーティスティックスイミング
☐ セーリング	☐ ボーリング	☐ 剣道	☐ ハンドボール	☐ 高飛び込み
☐ ボート競技	☐ ボート競技	☐ 相撲	☐ ラグビー	☐ フィギュアスケート
☐ ボルダリング	☐ カヌー／カヤック	☐ なぎなた	☐ ラクロス	☐ フリースタイルスキー
☐ テニス、卓球など身体接触がないガチ競争スポーツ	☐ セーリング	☐ フェンシング	☐ ホッケー	☐ スノーボード
	☐ スピードスケート	☐ テコンドー	☐ 水球	☐ スケートボード
	☐ スラロームスキー	☐ 少林寺拳法	☐ アイスホッケー	☐ サーフィン
	☐ スキージャンプ	☐ レスリング	☐ カーリング	☐ BMXフリースタイル
	☐ 重量挙げ	☐ 柔術	☐ ボート競技	☐ 武道（演技）
	☐ ボルダリング	☐ ムエタイ	☐ チームダンス	☐ 一輪車
	☐ テニス、卓球など身体接触がないガチ競争スポーツ	☐ キックボクシング	☐ チアリーディング	☐ 登山競技
		☐ ボクシング		

上位2つの気質から
1つずつ、合計2つの「✓」をつける

感性が豊かな「天才気質」の子どもに向いています。

48ページに書き出したわが子の「気質上位2つ」から子どもにマッチしそうなスポーツを選んでみましょう。「研究者気質」と「共感者気質」を持つ子どもは、自己競争から「水泳」、表現競争から「体操」という要領です。**子どもの気質に応じて、2つの気質分野から、1つずつ、**挑戦させてみたいスポーツを選びましょう（子どもの気質に合っていれば、いくつ選んでも構いません）。

ステップ2 「才能」から「スポーツ以外の習い事」を選択する

次に子どもの才能から「スポーツ以外の習い事」を選びます。49ページに書き出したわが子の「才能上位2つ」を参考に、次ページの表で子どもにマッチしそうな習い事を1つずつ選びましょう。「運動的才能」が強い子どもの場合は、運動を除く「才能上位2つ」から習い事を選択してください。たとえば、「研究者気質」と「共感者気質」を持つ子どもで「STEM」と「言語・博物学」の才能が強い子でしたら研究者気質から「そろばん」と「書道・習字」、共感者気質から「ロボット制作」と「英会話」というように合計4つの習い事を選びます。

わが子の気質（上位2つ）と才能（上位2つ）に番号を振り、合う習い事に ✓ をつけてください

気質	[　] 天才	[　] 研究者	[　] 商人	[　] パフォーマー	[　] 共感者
才能－習い事 [　] STEM	□ そろばん／暗算 □ プログラミング □ ボードゲーム※1 □ 科学オリンピック □ 算数オリンピック	□ そろばん／暗算 □ プログラミング □ ボードゲーム※1 □ 科学オリンピック □ 算数オリンピック □ 株式投資	□ ボードゲーム※1 □ オセロ □ 暗算 □ eスポーツ	□ ファースト・レゴリーグ □ ロボット制作 □ スカウト活動 □ eスポーツ	□ ファースト・レゴリーグ □ ロボット制作 □ スカウト活動
[　] 言語・博物学	□ 英語／洋書多読 □ 書道／習字 □ 作文／小説／俳句 □ 詩吟／吟詠 □ 落語／講談	□ 英語／洋書多読 □ 書道／習字 □ 作文／小説／俳句 □ 詩吟／吟詠 □ 落語／講談	□ 競技かるた □ スピーチ／弁論 □ 競技クイズ □ 英語スピーチ	□ 英会話 □ 演劇／ドラマ □ スピーチ／弁論 □ 競技クイズ	□ 英会話 □ 演劇／ドラマ □ スピーチ／弁論 □ 国際交流
[　] 音楽	□ ピアノ □ 弦楽器※2 □ 管楽器※3	□ ピアノ □ 弦楽器※2 □ 管楽器※3 □ 打楽器／ドラム □ 声楽（歌） □ 作曲／ DTM	□ ピアノ □ 弦楽器※2 □ 管楽器※3 □ 打楽器／ドラム □ 声楽／歌	□ 弦楽器※2 □ 管楽器※3 □ 打楽器／ドラム □ リトミック □ マーチングバンド □ ブラスバンド □ 合唱／コーラス □ ロックバンド □ ジャズバンド	□ 弦楽器※2 □ 管楽器※3 □ 打楽器 □ リトミック □ マーチングバンド □ ブラスバンド □ 合唱／コーラス □ ジャズバンド
[　] アート	□ バレエ／ダンス □ 絵画／造形／マンガ □ デザイン／イラスト □ 華道／生け花 □ クッキング教室	□ 絵画／造形／マンガ □ デザイン／イラスト □ 動画／アニメ制作 □ クッキング教室	□ 絵画／造形／マンガ □ バレエ／ダンス □ ヒップホップダンス	□ バレエ／ダンス □ 演劇／ドラマ □ よさこい □ 子ども神楽	□ バレエ／ダンス □ 演劇／ドラマ □ よさこい □ 子ども神楽 □ 動画／アニメ制作 □ クッキング教室

※1：将棋／囲碁／チェスなど　※2：バイオリン／チェロ／ギターなど　※3：フルート／トランペットなど

【気質1位×才能1位】【気質1位×才能2位】【気質2位×才能1位】【気質2位×才能2位】

合計4通り（4つ）の「✓」をつける

ステップ3 「素質」から「優先順位」を決める

次に子どもの「素質」を考慮しつつ、選択した習い事に優先順位をつけていきます。ここまでに選んだ習い事をこちらに書き出してください。スポーツが2つ、スポーツ以外が4つ、合計「6種類」の習い事があるはずです。

p.51参照

スポーツ1：

スポーツ2：

p.53参照

スポーツ以外1：

スポーツ以外2：

スポーツ以外3：

p.53参照

スポーツ以外4：

たとえば、「研究者気質」と「共感者気質」を持ち、「STEM」と「言語・博物学」の才能が強い子どもの習い事候補に、「水泳」「体操」「そろばん」「書道・習字」「ロボット制作」「英会話」という6つの選択肢が残った場合、最も力を入れるべき習い事は何なのか？

もちろん全部試してみたいところですが、時間的にも、経済的にも、子どものやる気面から考えても現実的ではありません。習い事の優先順位を決める時は、**スポーツから1つ、スポーツ以外から2つ**を目安に選んでください（運動的才能が強い子どもはスポーツを2つ、スポーツ以外を1つという選択肢もありますので柔軟に選択してください）。

優先順位を決める際は、子どもの「素質」を考慮します。たとえば「背が高い」という外見的素質がある子ならスポーツから「水泳」を優先。「すばしっこい」という身体能力的素質がある子は「体操」に取り組むと能力を発揮できる可能性が高まります。「手先が器用」な子ならスポーツ以外から「書道・習字」や「ロボット制作」など手先を使う分野を優先するとハマる確率が高くなります。

習い事の種類をまとめた「最強の習い事チャート」をご紹介します。気質と才能をかけ合わせることで、どんな習い事と相性が良いかが一目でわかります。次ページのチャートを参考に、子どもに「ベストマッチの習い事」を3つに絞り込みましょう！

“わが子にピッタリ！”がひと目でわかる！

最強の習い事チャート

→ 直感・ひらめき

運動的才能	音楽的才能	アート的才能
自己競争のスポーツ 陸上競技、空手（型）、弓道、アーチェリー、射撃、ゴルフ、ボーリング、ボート競技、ボルダリング、水泳、テニス・卓球など身体接触が少ないガチ競争スポーツ	鍵盤楽器（ピアノ／オルガン） 弦楽器（バイオリン／チェロ） 管楽器（フルート／トランペット）	バレエ／ダンス 絵画／造形／マンガ デザイン／イラスト 華道／生け花 料理／クッキング教室
自己競争のスポーツ 陸上競技、弓道、アーチェリー、射撃、ゴルフ、ボーリング、ボート、ボルダリング、カヌー、セーリング、スキー、スケート、スキージャンプ、テニス・卓球など身体接触が少ないガチ競争スポーツ	鍵盤楽器（ピアノ／オルガン） 弦楽器（バイオリン／チェロ） 管楽器（フルート／トランペット） 打楽器（ドラム／太鼓） 声楽・歌 作曲／ DTM	絵画／造形／マンガ デザイン／イラスト 動画／アニメ制作 料理／クッキング教室
ガチ競争のスポーツ テニス、卓球、バドミントン、柔道、空手、剣道、相撲、なぎなた、フェンシング、レスリング、柔術、少林寺拳法、ムエタイ、キックボクシング、ボクシング	鍵盤楽器（ピアノ／オルガン） 弦楽器（バイオリン／チェロ） 管楽器（フルート／トランペット） 打楽器（ドラム／太鼓） 声楽・歌	絵画／造形／マンガ デザイン／イラスト 動画／アニメ制作 バレエ 競技ダンス ヒップホップダンス
集団競争のスポーツ ドッジボール、サッカー、野球、ソフトボール、バレーボール、バスケットボール、ハンドボール、ラグビー、ラクロス、ホッケー、水球、カーリング、チームダンス、チアリーディング	楽器全般（集団で行うもの） 合唱／コーラス リトミック マーチングバンド ブラスバンド ロックバンド／ジャズバンド	バレエ／チームダンス ミュージカル／演劇 タレント活動 よさこい 子ども神楽
表現競争のスポーツ 体操、新体操、トランポリン、チームダンス、チアリーディング、バトントワリング、アーティスティックスイミング、高飛び込み、フィギュアスケート、フリースタイルスキー、登山競技、スノーボード、サーフィン、一輪車	合唱／コーラス 吹奏楽 マーチングバンド ブラスバンド ロックバンド ジャズバンド	演劇／ドラマ バレエ／チームダンス ストリートダンス よさこい 子ども神楽 タレント活動

5つの気質×5つの才能［25タイプ］

論理性 ←

個人性 ↕ 集団性

	STEM的才能	言語／博物学的才能
天才（個性的）	そろばん／暗算 プログラミング ボードゲーム※1 科学オリンピック 算数オリンピック	英語／外国語／洋書多読 書道／習字 作文／小説／俳句 詩吟／吟詠 落語／講談
研究者（好奇心旺盛）	そろばん／暗算 プログラミング ボードゲーム※1 科学オリンピック 算数オリンピック 株式投資	英語／外国語／洋書多読 書道／習字 作文／小説／俳句 詩吟／吟詠 落語／講談
商人（自立心旺盛）	そろばん／暗算 ボードゲーム※1 eスポーツ 株式投資	競技かるた スピーチ／弁論 競技クイズ 英語スピーチ
パフォーマー（社交的）	ファースト・レゴリーグ ロボット制作 スカウト活動 eスポーツ	英会話／英語スピーチ 演劇（ミュージカル） スピーチ／弁論 落語／漫才／コント
共感者（協調的）	ファースト・レゴリーグ ロボット制作 スカウト活動	演劇／ドラマ スピーチ／弁論 英会話／英語スピーチ 生徒会／子ども会 ボランティア／国際交流

※1：将棋・囲碁・チェスなど思考を伴うもの

子どもの「素質」を考慮して、優先順位を決定する

わが子には目立った素質がない、あるいは素質を活かせる習い事が見当たらないという場合は、親目線で構いませんので、子どもがどの習い事で「技能を最もスムーズに伸ばせる」のか、優先順位をつけてみてください。

【わが子にベストマッチの習い事ベスト3】

1

2

3

実は、**習い事は「複数」がおすすめ**です（詳細は249ページを参照）。5章から9章では、「気質のタイプ」別に、習い事の選び方をさらに詳しく解説しています。こちらも参考にしてください。

ベストマッチの習い事で突き抜けた成功例

習い事で高い成果を上げている子どもは、気質、才能、素質に基づいてどのような習い事を選択していたのか、3つの実例をご紹介します。

【実例1：日本人男子、2人きょうだいの上。中学からアメリカ留学】

★気質：パフォーマー気質と共感者気質　⬇表現競争、集団の習い事
◎才能：音楽的才能が強い　⬇ダンス、演劇など表現系の集団の習い事
■身体能力的素質：リズム感が良い　⬇リズム感を活かせる習い事

このお子さんは、「ダンス」「演劇」「歌」に小学校低学年から取り組み「強み作り」に成功しています。多くのミュージカルに子役として出演し、舞台度胸と表現力に磨きをかけました。また、年の離れた演者、監督、作家、舞台スタッフなど、多様な人との交流を通して高いコミュニケーション能力を身につけることができました。

中学生の時にアメリカ留学を決意。当時、英語は得意ではありませんでしたが、演劇で鍛えた音楽

的才能とコミュニケーション能力が言語習得にもプラスの効果をもたらし、驚くほどの短期間で英語を習得することができました。

アメリカの現地校にも問題なく溶け込み、学力も身につけ、見事アメリカのトップ大学に合格。演劇という「強み」を得たことで自信が大きくなり、海外留学というチャレンジにも動じない強靭なメンタルタフネスを身につけた例です。

【実例2：日本人女子、2人きょうだいの下。ハワイ在住】

★気質：研究者気質と商人気質　⬇　自己競争やガチ競争の習い事
◎才能：音楽的才能が強い　⬇　楽器演奏で個人競争を伴う習い事
■身体能力的素質：手先が器用　⬇　バイオリン、ピアノなどの手先を使う楽器

このお子さんは幼児期から「バイオリン」に取り組みました。きょうだいの下の子に多い「負けず嫌いな気質」でしたので、多くのコンクールや発表会に参加させて「やる気」に火をつけることに重点を置きました。もちろん最初から表彰台に立てることはありませんでしたが、粘り強く練習に励み、着実に技能を伸ばしていきました。

中学生の頃にはハワイ州トップレベルのジュニアバイオリニストとしてユースオーケストラのメンバーに選抜されました。高校時代にはハワイ州ユースオーケストラ代表メンバーとして全米大会に出場し、入賞を果たします。

勉強にも持ち前の粘り強さで励み、見事、第1志望のアイビーリーグの大学に合格。大学オーケストラでもバイオリニストとして活躍しています。

【実例3：日本人男子、一人っ子。小学4年からアメリカ移住】

★気質：研究者気質とパフォーマー気質 ➡ 自己競争やガチ競争の習い事
◎才能：STEM的才能と運動的才能が強い ➡ 思考スポーツや瞬発力を要する競技
■身体能力的素質：すばしっこい、俊敏 ➡ 瞬発力を要するスポーツ

このお子さんが選んだ習い事は「テニス」です。一人で練習するよりも友だちとワイワイ楽しむ環境を好む気質でしたので、小学校低学年からジュニアテニスチームに参加しました。研究者気質を活かしてテニスの戦術を（マンガ本などを頼りに）分析し、頭脳プレーを駆使することで強くなりました。

小学4年生という（勉強面でも精神面でも）難しい時期にアメリカに移り住みましたが、ジュニアテニスチームに参加するとすぐに友だちができ、英語力もメキメキ上達しました。高校時代には州のトップジュニアになり、テニスを武器にアメリカの大学に進学。大学のテニス部ではキャプテンを務めるまでの成功を収めることができました。

このお子さんはテニスという強みがあったからアメリカの生活にスムーズに溶け込み、英語力も学力も高度に伸ばすことができたのです。子ども時代に何か1つ、人に負けない「強み」を得ることができれば、それが心の下支えとなり、どんな困難も乗り越えることができる例です。

習い事の決定権は親か？ 子か？

ここまで「論理的な分析」をベースに子どもにベストマッチの習い事を選んできました。しかし、子どもが自分の意欲で「やりたい！」という習い事がある場合や、子どもがやりたい習い事が親の選んだ習い事とマッチしない場合、どちらを優先すべきなのでしょうか？

習い事の成否はモチベーションの維持にかかっています。当然「サッカーをやりたい！」と言う子どもの気持ちは尊重しなければなりません。しかし同時に、親が選んだ習い事にも興味を持つように、子どもを上手に導いてください。

私は**「(小学校低学年までの)習い事の決定権は親が持つべきだ」**と考えています。なぜなら、親の客観的な分析で習い事を選んだ方が「成功する確率が高い」からです。矛盾するようですが、ポイントは親が一方的に決めないこと。親子の対話、仕掛け作りを通して、子どもが「自分で選んだ」と思えるような働きかけが大切です。

子どもの特性をベースにベストマッチの習い事を探し、子どもが興味を持つように仕掛けを作る。スポーツであれば親と一緒にそのスポーツで汗を流したり、試合を見たりするのです。そして子どもが関心を持ったタイミングで習い事に参加させます。参加してみると、子どもの特性に合っているので、その種目を楽しむことができます。楽しさを実感させた上で、子どもに「あなたが決めていいよ」と選択権を与えると、子どもが「やってみたい!」と言うわけです。

子育て上手な親は、**子どもの適性を見極めた上で、「自分で決めていいよ」と選択権を与えています。**その習い事に通いたいか、挑戦してみたいか、子どもに選ばせることによって「自分の意思で行動している」という気持ちに働きかけているのです。

07 習い事の成否は「親の目標設定」で決まる

習い事には目標設定が欠かせません。目標設定には親が設定する「長期的な目標」と、子ども自身が目指す「短期的な目標」があります。この2つを明確に区別して、適切なプランニングを行うことが（遠回りに見えますが）成功への近道です。

親は目先の勝敗や周囲の子どもとの比較で一喜一憂しないこと。いつまでに、どの程度の技能レベル到達を目指すのか、冷静に長期的な視点でゴールを設定してください。次の3点に配慮しましょう。

①（親が）長期的なゴールを設定する

②上達を急がず、基礎技能の習得に専念する

③（子どもが）今いる環境でトップを目指す

親が長期的なゴール設定をする

「1万時間の法則」をご存じでしょうか。いかなる分野においても卓越した技能を習得するまでに1万時間かかるという説です。

「1万時間」の根拠はフロリダ州立大学のアンダース・エリクソン教授の研究です。彼は世界トップレベルの音楽学校でバイオリンを学ぶ学生たちを対象に、彼らの能力差が何によって生まれているのかを調査しました。

その調査報告で「卓越した技術の習得は1万時間以上の計画的練習の成果だ」とエリクソン教授が述べたことで、「プロになるには1万時間」という法則が世界中に広がりました。

1万時間を達成するには、毎日1時間練習して27年、毎日2時間でも14年弱かかります。確かに、プロレベルの「卓越した技能」を習得するにはそのくらいの時間を要するかもしれませんが、普通の人が目指す上では現実的な数字ではありません。

実はエリクソン教授は別の研究で、練習方法を工夫すれば（普通の人が目指す）高いレベルの専門性の習得に必要な時間は「1万時間よりもずっと少ない」とも述べています。

私の経験からいえば、**スポーツ、音楽、語学などの技能習得は「2000時間」を目安にすると「頭一つ突き抜ける」ことができます。**

私の専門である英語も同様で、約2000時間の「計画的な学習」を積むことで英語が「そこそこ」流ちょうに扱えるようになります。英語技能でいえばCEFR B2（英検準1級レベル）です。これを超えると、さらに上のレベル（英語圏の大学への留学や、英語で仕事をするなど）が視野に入ります。

長期的なゴール設定で最初に考えるべきなのが、上級者になる登竜門である2000時間を「いつまでに達成するか？」です。2000時間の達成には、毎日1時間練習して「5年半」かかります。たとえば、スポーツに従事している子が高校でインターハイ出場を目指すのであれば、それ以前の「中学生までに」2000時間を達成し、頭一つ突き抜けていなければなりません。

私の個人的なおすすめは、いかなる分野の習い事でも**「小学校高学年から中学生までに2000時間達成を目指す」**ことです。時間的に余裕があり、やる気が高い児童期に頭一つ突き抜けられると、中学・高校時代にさらに高いレベルに到達できる確率が飛躍的に高まります。

「2000時間」は基礎習得に専念

親が長期的なゴール設定を行い、習い事を高いレベルに引き上げることに成功した事例として、私がアメリカで出会ったアスリート家族をご紹介します。

その家族は父親も母親もＮＣＡＡ（全米大学体育協会）で活躍したアスリートで、子ども（男の子）もスポーツで奨学金を得て大学へ進学させたいと考えていました（アメリカの大学は返済不要のスポーツ奨学金が充実しており、技能の高い選手は学費や生活費が免除されます）。父親はテニスとバスケットボールの選手、母親は水泳の選手でしたが、子どもには5歳からテニスとバレーボールを本格的に習わせました。

親が2つの球技を選んだのには理由があります。テニスとバレーボールの共通点は「ボールへの反応の速さが重要」なことです。テニスという個人競技とバレーボールという集団競技を通して、個人と集団、両方の楽しさを味わわせながら基礎技能を高めるという狙いがあったのです。

その子は、「運動神経の良さ」という「素質」と、「負けず嫌い」という「気質」を親から引き継いでおり、どちらのスポーツもすぐに学年でトップレベルの技能を身につけました。

ここで重要なのが**「上達を急がず、基礎技能の習得に専念する」**ことです。普通、学年トップになったらさらなるレベルアップを狙いがちです。しかし、親はレベルの高いチームに移籍させたり、年齢が上の選手と競い合わせたりせず、今いるチームでコツコツと基礎練習を重ねさせたのです。

その子は小学校の高学年まで2つのスポーツを両立していましたが、中学からは本人の希望で「ガチ競争」であるテニスに重点を置きました。この段階で初めて、親はより高いレベルのテニストーナメントに出場させ、実戦で通用する技術や戦術の習得へと指導方針を切り替えたのです。

その子は中学1年生の時には「14歳以下の州代表チームメンバー」に選ばれ全米大会で活躍。高校1年生の時にはダブルス選手として州の高校チャンピオンになりました。翌年からはシングルスに転向して「3年連続州の高校チャンピオン」になり、見事、希望する大学にスポーツ奨学金を得て入学しました。

父親に話を聞いたところ「男の子の場合、心身＋技能発達のピークを高校時代に定め、そこから逆算して、どんな練習メニューや競争環境を与えるべきなのかを考えることが大切」と、(こっそり)教えてもらえました。

子どもの心身が発達途上の時期に、才能があるからと高い競争環境に飛び込ませたり、特定の身体部分を酷使させると、体やメンタル面の発達が追いつかず、怪我をしたり、燃え尽き症候群に陥る危険性があるのです。

体が大きく強くなり、子どもが自分の意欲で習い事に取り組めるようになるまでは、基礎技能の習得に徹する。**2000時間というのは、将来子どもが飛躍するための準備期間**なのです。

今いるチームでトップを目指す

子どもの「強み」を育てる上で効果的な目標は「今いるチームでトップを目指す」ことです。トップとはエースになることではありません。野球でいえば「投げる」「捕球する」「打つ」「走る」という**基礎技能面で1番になれるよう努力する**という意味です。

小学生くらいまでは身体能力差も技能差も小さいですから、家庭でコツコツと練習を積むことで、基礎技能においてトップレベルに近づくことができるはずです。「努力によって才能を超えられる」チャンスです。

毎日10~20分で構いません。**子どもの基礎練習につき合ってあげましょう。**日々の小さな努力の積み重ねが、将来の高い成果に結びつくことを子どもに自覚させるためのステップです。

子どもにどれだけ素晴らしい才能があっても、どれだけ有能なコーチの下で練習していても、コーチ任せにしてはいけません。家庭でも「親が」練習につき合い、励ましながら基礎練習を継続しましょう。グループ練習に参加しているだけでは、技能はよくて平均止まりです。平均止まりでは「自信」につながらず、習い事に参加する意義が半減してしまいます。

同時に子どもの「やる気の維持」にも配慮してください。**子どもの「やる気」を高める近道は「身近なアイドル」を見つけること**です。

野球をがんばっている子どもは「大谷翔平選手のようになりたい!」と大きな夢を抱くかもしれませんが、夢が大きすぎると現実味が湧きません。子どものやる気アップには「2つ上の先輩」など、身近なスターを見つけてあげることが効果的です。

「カッコいい○○先輩みたいになりたい！」。子どもがそう思えれば、やる気は確実にアップします。スポーツ、音楽、ダンス、どんな分野でも少し年齢が上の身近なスターがいるはずです。その先輩が試合をしている姿、演奏や演技をしている姿を見せてあげたり、直接話をする機会を作ってあげると子どもの「やる気スイッチ」が入ります！

親は習い事の環境にも気を配る

子どもの特性に合った習い事を親が選んでも、「習い事の環境」がミスマッチでは長続きしません。「親のリサーチ力」も重要です。子どもを習い事に入れる前に、レッスンの現場に足を運び、次の3点をチェックしましょう。

① 無理なく続けられる範囲であるか（送迎時間や経済的な負担など）

② コーチの人柄、選手の雰囲気が良いか（子どもが楽しんでいるか）

③ 他の保護者が協力的であるか（チームとしての団結力があるか）

レッスンを見学すれば、先生やコーチの教え方・人柄、子ども・保護者の雰囲気などがわかります。親は「自分ならこの指導者の下で、この仲間と一緒にがんばれるか？」を自問してください。親に不信感や違和感があると、子どももうまくなじめないことが多いのです。

同時に重要なのが、周囲の子どもたちの存在です。気の合う仲間がいる環境でなければ、子どものやる気は上がりません。**子どもにとって「良い影響を与えてくれる仲間がいるかどうか」も、習い事を選ぶ際の重要なファクター**です。

まずは親が「子どもに合う仲間かどうか」をある程度見極めてください。次に、子どもにもその仲間と一緒にがんばりたいのかを確認しましょう。良い仲間になれるかどうか、親子の意見がピッタリ合えば、成功する確率は高くなります。

さらに、指導者にも目を向けましょう。同じ習い事の分野であっても、指導方法・方針は指導者によって異なります。習い事を始めたばかりの子どもにとって重要なのは、基礎技能を定着させることと。基礎技能は概して単調でつまらないものですから、それをいかに楽しめるように工夫しているのかを見極めてください。

指導者が「長い目で子どもの発達を考えていること」も重要です。目先の勝ち負けにこだわっていたり、根性論やスパルタ指導に偏っていると、子どもが楽しめず、継続できなくなることが多いので要注意です。

08 子どもの競争を避けてはいけない

習い事を高いレベルに引き上げるためには「競争」が必要です。近年の日本は「徒競走で順位をつけない」など、一部で子どもから競争を遠ざける傾向もあるようです。しかし、子ども時代の競争は、習い事を高いレベルに引き上げるためだけでなく、社会に出るためにも不可欠な訓練です。子どもを競争に参加させる理由は、次の3つです。

① 目標を持って練習に取り組むため
② 自分の技能を客観的に理解するため
③ 敗北や失敗をバネに飛躍する力を身につけるため

目標を持って練習する子は伸びる

どんな習い事であっても、週に1〜2回のグループ練習に参加しているだけでは技能発達は平均止まりです。子どもが周囲から頭一つ突き抜けるには、明確な目標が必要です。「夏の大会(発表会)に向けてがんばろう!」「次の試合で1回戦を突破する!」という目標で、子どものモチベーションは高まります。競争に参加しても勝てる保証はありませんが、明確な目標を定めた子どもは段違いに伸びます。

その理由は、**普段の練習で実戦を意識できるようになるから**です。本番の演奏会や試合をイメージしながら、課題を持って練習に取り組めます。同じ練習をしていても、漠然とこなす子どもに比べて、効果的に技能習熟が進むのです。

反対に「コーチに言われたからやる」「失敗してもやり直しが利く」という軽い気持ちで練習に向き合うと、才能があっても技能は伸び悩みます。人間は「意欲を持って練習すること」で技能習得のスピードを速めることができるのです。競争は、目的意識を強め、質の高い練習を可能にし、習い事の習熟度を高めてくれます。

「客観視」は絶好のチャンス

家で一人でピアノを練習していても「自分の技能がどの程度のレベルなのか」子どもは知ることができません。発表会に出て演奏したり、コンクールに出場して同年代の子どもと競ったり、周囲と比較することで、自分のレベルや課題を実感できるようになります。

自分の技能を客観的に理解できると、課題が明確になり、向上心が刺激され、意欲的に練習に向き合えるようになります。

競争に参加すると、自分と技能レベルが近い「ライバル」が必ず現れます。ライバルとは、プロテニスのフェデラー選手とナダル選手のように、互いの技能を高め合うポジティブな関係です。どのようなレベルで競うにせよ、**身近なライバルの存在が技能向上を促進してくれます。**

どの子にも「負けたくない」という競争心が（多かれ少なかれ）心の中に存在します。性格が穏やかで、競争とは無縁と思える子であっても、負ければ悔しいのです。競争を通して、勝つために何が足りないのか、どうすれば勝てるのかを子どもは一生懸命考えるようになります。**競争は子どもの「思考力」を伸ばす**のです。それだけでも競争に参加する価値が十分にあります。

敗北や失敗をバネに飛躍する力を身につける

人前でパフォーマンスを披露したり、相手と真剣勝負をする経験は、プレッシャーのかかる本番で100％の実力を発揮する力を育てます。**本番に弱い、人前で緊張して実力を発揮できないという子どもは、競争経験が足りていない**のです。場慣れしていないと恐怖心で体が萎縮し、プレッシャーに負けてしまいます。

競争を避けると、プレッシャーを克服できない上に、「敗北をバネに飛躍する力＝レジリエンス」を身につける機会まで失ってしまうのです。

もちろん競争には「負け」や「失敗」がつきものですが、「負け」は勝利以上に多くのことを子どもに教えてくれます。負けても、失敗しても、あきらめずに歯を食いしばって挑戦し続ける。そんな強靭な**「メンタルタフネス」は、習い事での「健全な競争」を通して身につけさせるのが一番**です。

子ども時代の敗北など、その先の人生でいくらでも取り戻すことができます。「負けたらかわいそうだから……」と、親が競争をさせないまま学齢期を過ごしてしまうと、失敗を過剰に恐れるようになります。「失敗するくらいなら最初からやらない方がいい」と、物事に消極的な態度が形成されることもあるので注意が必要です。

子ども時代の競争は「将来の成功」に不可欠

日本で「競争心が強い人」というと、他人を踏み台にしたり、勝つために手段を選ばない貪欲な人というネガティブなイメージが伴います。一方、アメリカで「負けず嫌い」といえば、成功や勝利への執着が強い人、粘り強い人など、肯定的に見られる場合がほとんどです。

アメリカは日本以上に市場原理を重視する競争社会です。競争社会で生き残る子どもを育てるためには、子どもの頃から競争に慣れさせておかなければなりません。**競争を経験させずに子どもを社会に出すことは、「親として無責任」**と考えられているのです。

多くのアメリカ人家庭は、子どもが5～6歳になると「競技スポーツ」に参加させます。日本ではスポーツを通して「体力作り」を目指すことが多いですが、アメリカでは「競争させるため」にスポーツへ参加させます。初心者でもいきなり試合に参加させて真剣勝負を経験させます。細かい技能は二の次。まずは実戦を通して「本気で競い合う楽しさ」を味わわせるのです。

勝者となって大きなトロフィーを手にする成功体験は、さらに高い目標に向かってチャレンジする「向上心」を育てます。敗者になった時の悔しい思いは、「敗北をバネに飛躍する力＝レジリエンス」や勝つために何が必要なのかを「考える力」など、勝利以上に多くのことを教えてくれます。

子どもが成長して社会に出れば、勝ち続けることなど不可能です。どんな成功者でも、必ず失敗や敗北を経験します。重要なのは勝つことよりも「負けてもくじけずに挑み続けること」です。**子ども時代の競争は、将来、社会で成功するためのトレーニング**なのです。

親は勝ち負けにこだわらない

子どもを競争に参加させる上で大切なのが**「親が勝敗にこだわらないこと」**です。もちろん競争に参加する目的は勝利です。しかし、子どもが１００％力を出し切ったのであれば、負けても、勝利と同様に高く評価してあげてください。

「絶対に負けてはならない！」と勝利へのこだわりが強すぎると、子どもに恐怖心を植えつけてしまい、実力を発揮できなかったり、競争を楽しめなくなったりします。

たとえば、アメリカの親は子どもを競争に送り出す時に「楽しんできなさい！」と言葉をかけます。子どもをリラックスさせるための配慮であり、勝ち負けよりも「１００％力を出し切ることで得られる達成感を楽しみなさい！」というメッセージです。

子どもを競争に参加させる目的は、相手を打ち負かす優越意識を植えつけることではありません。目標に向かって努力することの大切さを教えるためです。

どんな時でも「全力を出し切ればよい」という姿勢を保ちましょう。すると、子どもは「負け」や「失敗」を過剰に恐れることなく、自分の力を思い切り出せるようになります。「負けても次がある！」「負けても次に勝てばよい！」という前向きな態度で挑戦できるようになるわけです。

子どもを競争に参加させる時はレベルにも配慮しましょう。理想は勝利に「手が届く範囲」の競争です。年齢や習熟度などで明らかなレベル差があると、子どもは劣等感を持ってしまう可能性があります。自分と同レベルのライバルと、きわどい真剣勝負の中で競い合うのが理想です。

第3章

子どもの「やる気」を引き出す方法

09 やる気を維持する最高の方法とは？

「うちの子は、すぐにやる気がなくなってしまう」。そんなお悩みをよく耳にします。前章（65ページ）でふれたように、いかなる分野でも、子どもが頭一つ突き抜けるには「2000時間」の練習時間が必要です。どんなに優秀な子どもでも、やる気が下がるタイミングは必ず訪れます。

実は、子どものやる気を無理なく維持するには2つのコツがあります。

① **今よりも少しうまくしてあげる**
② **手が届く目標を持たせる**

「自分はできる！」という自信がやる気を生む

習い事のやる気が下がる一番の原因は「技能面での伸び悩み」です。これを解決するためには、**親**

（あるいは指導者）がサポートを手厚くして「今よりも少しうまくしてあげる」ことが必要です。

これだけで、子どもは「自分はできる！」という自信を取り戻すことができます。この自信が、やる気を生み出す原動力なのです。

たとえば、卓球で伸び悩んでいる子なら「毎日15分だけ」、親が球出しにつき合ってあげます。これを毎日実行すれば、数ヶ月後には子どもの技能は飛躍的に向上しているはずです。すると、チームメイトやコーチから「うまくなったね！」とほめてもらえて自信が復活するのです。

自信が大きくなると「もっとうまくなりたい」という意欲が湧き上がってきます。同時に「下手な自分に戻りたくない」というプライドも高まりますから、自主的なやる気で練習に向き合うという好循環が生まれるわけです。

テニス、ゴルフ、楽器演奏など、テクニカルな要素が強い習い事に取り組んでいる場合、コーチや専門家の指導（個別指導が好ましい）を受けることも検討しましょう。基礎の部分で自己流が身につくと、修正するのに多くの時間が必要になり、上達が遅れてしまうからです。「そこまではお金をかけられない！」という場合は、親がYouTubeなどで研究して、その習い事の「プチ専門家」になるのがおすすめです。

「手が届く範囲」に目標を設定する

もう1つ重要なのは、**「手が届く範囲の目標を持たせる」**ことです。

武道で白帯の子であれば黄帯を目標に練習に励む。ピアノであればバーナム ピアノテクニック1からピアノテクニック2にレベルアップを目指す。このように子どもにとってわかりやすく、手が届く範囲の目標を定めるとやる気がアップします。

「手が届く範囲」という難易度が重要です。失敗する可能性が高い、あるいは、レベルが高すぎる目標設定は逆効果です。子どものやる気を奪う原因になるので注意しましょう。

また、親が一方的に決めるのでなく、子ども自身が「やってみる」と言うように導きましょう。「次のコンテストに挑戦してみる？」と子どもに選択肢を示して、子ども自身にやるかやらないかを決めさせるのです。

子どもが「嫌だ！」と言った場合は、「どうして嫌なの？」と質問します。「怖いから」「失敗するのが嫌」という理由が多いと思います。その場合は無理にやらせずに「じゃあ次の次に向けてがんばってみようか？」と伝えて、子どもが自分の意思で「やってみる」と言うまで待ちましょう。

どの子どもにもプライドがありますから、失敗するのは嫌なのです。親が練習につき合って今より少しうまくしてあげると、子どもの側から「やってみる」と言う時が必ず来ます。それまではプレッシャーを与えず、子どもの気持ちを尊重して待ってあげましょう。

子どもが「やってみる！」と言ったら、親は子どもの技能レベルを客観的に見極めて、達成可能な目標を設定しましょう。そして「ママ（パパ）も一緒にがんばる」と伝えて、成功できるようにサポートします。自分の意欲で挑戦したことが、親のサポートもあってうまくいくという成功体験は、親子の信頼関係を深め、子どものやる気をさらに大きくしてくれます。

1つレベルアップしたら、そのレベルでも今より少しうまくできるようにサポートします。これを繰り返すことで、やる気を維持しながら「ずば抜けて高いレベル」に到達することができます。

親のサポートは「ルーティン化」する

子どもの習い事をサポートする時は、「ルーティン化」を意識してください。子どもの習い事上達には「基礎技能の強化」が不可欠なのですが、素振りをしたり、ランニングをしたり、毎日同じようなドリルを繰り返すというのは、多くの子どもにとって「つまらない」ものなのです。

つまらないものを継続するには「ルーティン化」が一番効果的です。習い事の練習を、毎日の歯磨きのように「当たり前の行動」にできれば、退屈な基礎練習にも「当たり前」に向き合えるようになります。

66ページでご紹介したアスリート家族も、親が毎日、子どもの基礎練習につき合っていました。子どもの基礎練習に親がつき合ったり、親が練習する姿を子どもに見せることで、練習のルーティン化がスムーズに進みます。親がサポートする場合「変化の多い楽しい練習」ではなく、「淡々と同じ練習を繰り返す」ルーティン化を意識しましょう。

その際、日々の練習メニューもルーティン化します。スポーツであれば準備体操、基礎練習、応用練習、クールダウンという要領で、毎回同じパターンを繰り返します。すると、子どもは次に何をするのかがわかり、不安なく、無駄なく、淡々と練習に向き合えるようになります。

さらに、起床時間や食事時間と同じように、習い事の練習時間を日課に含めておくと、練習のムラが少なくなります。子どもと相談して「毎日のスケジュール表」を作りましょう。起床時間、朝食時間、学校に行く時間、帰宅時間、おやつの時間、宿題の時間、練習の時間、夕食の時間、娯楽の時間、就寝時間などを決めて、子どもの目に入る場所に貼るのがおすすめです。

日々やるべきことを規則正しく継続していると、子どもに「良い習慣」が身につきます。すると情緒が安定し、頭脳の働きも活発になります。**ルーティン化は習い事はもちろん、身体発達、学力発達、人間関係にもプラスの影響を与えてくれる**のです。

習い事をきっかけに、親自身も習慣を変えつつ「良い習慣」が身につく仕組みを作りましょう。どんな小さなルーティンでも、1つ身につけるだけで大きな効果が生まれます。

親はコーチではなく「サポーター」に徹する

子どもの習い事には「失敗」がつきものです。どれだけ綿密に準備しても実力を発揮できなかったり、試合で負けることがあります。このような時、親はどのように対処すべきなのでしょうか？「親はサポーターに徹する」ことが大切です。「次に向けて一緒にがんばろう」「次があるから大丈夫！」と**子どもを受け入れ、励ましてください**。

間違っても「ちゃんと練習しないから失敗するのよ！」「だからきちんと準備しなさいと言ったでしょ！」と叱ってはいけません。結果について親がとやかく言うと、子どもの心に恐怖心を植えつけてしまい、さらに失敗を繰り返すという悪循環に陥ることがあるので注意してください。

子どもの習い事につき合ううちに、親がのめり込み、子どものコーチになることがあります。親がその習い事の経験者で、知識が豊富であるほど、子どもに口を挟む場面が多くなります。

親がコーチになってしまうと、感情的な批判をすることが増えます。すると子どもは、叱られないように無難な行動を選択するようになります。このような状況に陥らないためにも、親業とコーチ業をはっきりと区別しましょう。

親の仕事は子どもの心身面のサポートです。体と心が健やかに発達するように栄養を与え、励まし、生活リズムを整えてあげる。子どもにとって、親は安心できる心のよりどころなのです。

一方で、コーチの仕事は「目標達成へ導くアドバイザー」です。習い事であれば技能面やメンタル面のアドバイスを行うことが仕事です。子どもが失敗した場合、次に成功するためにどのような点に気をつければよいのか、技術面と精神面の両面からアドバイスをします。

基本的には習い事の先生やコーチなどの専門家がこの役割を担います。客観的かつ一貫したコーチングによって、子どもは回り道することなく、習い事を高いレベルに引き上げることができます。

親がコーチ役を兼任し、子どもの技術を指導する場合も、できるだけ感情的にならず、客観的に子どもにアドバイスを与えることを忘れないでください。

子どもが試合やコンテストで期待通りの成績を収められなかった時は、まずは親として子どもの努力への称賛と励ましを与えてください。「よくがんばった。うまくいかなくて悔しいだろう。次に向けて一緒にがんばろう」というイメージです。それに続いて「次に向けてこの部分をもっと練習しよう」とアドバイスしましょう。

習い事の目的は、「自信」を大きく育てることです。失敗を恐れず全力でぶつかることで、達成感を味わえればよいのです。重要なのは努力する「プロセス」であり、「結果」ではありません。

とはいっても、負けてばかりでは子どものやる気は育ちません。だからこそ、前述の「今よりも少しうまくなること」と「手が届く範囲の目標」の2点が重要です。今の実力よりも少し高いレベルの「きわどい勝負」で、子どもは大きく成長します。

10 自主性の強い子に育てるコツ

「親が言わないと何もやらなくて」という相談が増えています。実は、現代の子育てにおける一番の問題は、「親の過干渉」です。子どもを心配するあまり、細かく指示をしてしまう、失敗しないように先回りしてしまう親が増えているのです。

ミネソタ大学のニコール・ペリー博士が422人の子どもを8年間にわたり追跡調査したところ、干渉が多い親に育てられた子どもは、感情のコントロールが苦手で社会性の発達が弱く、学習面で苦労する傾向が強いことがわかりました。

メアリーワシントン大学の研究では、過干渉な親元で育った子どもは自信を失いやすく、生活に不満を抱き、イライラする傾向が強いことがわかっています。同研究は「過干渉は子どもの能力や自立心の発展を妨げるだけでなく、幸福感を奪い、大人になってからプレッシャーにうまく対応する力を失わせる」と結論づけています。

過干渉は子どもからやる気を奪い、自立心を減退させ、人生に向き合う姿勢を後ろ向きにしてしまうのです。子どもにやる気が見えないという場合、まず「親が過干渉になっていないか」、自分の行動を見直す必要があります。次のチェックリストに1つでも該当する場合は要注意です！

- ❏子どもの身の回りの世話を焼きすぎる（服、食事、髪形、学校の準備など）
- ❏子どもにいつも命令口調で話す（〜しなさい、〜やったの？）
- ❏子どもの言葉をさえぎる、子どもに発言させない（親が答えてしまう）
- ❏子どもの宿題や課題を親がやってあげることが多い
- ❏子どもの習い事や進路を親が一方的に決めている
- ❏子どもの学校や習い事の先生への注文が必要以上に多い

過干渉に陥らず、自分のことは自分でできる「自主性の強い子」に育てるポイントは次の2つです。

① 子どもの意欲を尊重する

② 子どもに選択をさせる

赤ちゃん扱いせずに、意欲を尊重する

毎朝子どもを起こし、服を選んであげて、食事を用意して、持ち物をチェックし、靴を準備して、幼稚園や学校に送り出すことが「親として当たり前」と思っていませんか？

「自分でやってみたい」というのは人間の自然な欲求です。「危ないから」「汚すから」と、親が手出しする場面が多くなると「過干渉」となり、子どもは「やる気」を失ってしまいます。

たとえば、2歳児が自分でコップから水を飲もうとしているのを「こぼすから」と親が飲ませてしまう。3歳児がおぼつかない手つきで靴ひもを結ぼうとしているのを「時間がないから」と、待てない親が結んでしまう。小学生の子どもの宿題を「成績が下がったらかわいそう」と親がやってしまう。これらも「過干渉」です。

子どもが「自分の意欲」でやろうとしていることは（生命の安全が守られる範囲で）見守ってあげる。**子どもの自主性を伸ばすには、危険や失敗を回避させることよりも、「意欲」を伸ばすことに目を向けてください。**1歳児であっても、自分の足で歩きたい、自分の手でつかみたい、自分の手で食べたいという「意欲」を持っています。

子どもをいつまでも「赤ちゃん扱い」せず、やる気と好奇心に満ちあふれた一人前の人格と捉えてみましょう。そのように見方を変えれば、子どもが自分の意欲でやろうとしていることに親が手を出

したり、先回りする場面は減るはずです。

もちろん幼い子どもは着替え一つ上手にできないですから、親の方がハラハラ（イライラ）するかもしれません。でも手を出したい気持ちをグッとこらえて、子どもを見守ることが「自分でできた！」という成功体験を生み、自主性を育むために必要なプロセスなのです。

「言葉の先回り」をやめる

子どもが大きくなるにつれて、親の手出しは減る一方で、「言葉の過干渉」が増えていきます。「今日の宿題は何？」「誰と遊んだ？」などと、行動を一つひとつチェックしてしまうのです。

親から口うるさく言われると、子どもは「自分は信頼されていない」と感じ「やる気」を失います。大人でも「あれやった？」「ちゃんとやった？」とパートナーや上司から言われ続ければ、やる気がなくなりますよね。子どもも同じです。

子どもが質問されているのに親が代わって答えたり、子どもの言葉をさえぎったりする「言葉の先回り」も、子どもから自主性を奪います。子どもは「話す気」を失い、何を聞いても「べつに」「普通」「なんとなく」という答えしか返ってこなくなります。

子どもの意欲を尊重し、子どもの行動や言動を見守る。言葉で表すとシンプルですが、実際にはそう簡単にはいかないことが多いですよね。心当たりがある方は、まずは「1日だけ」指示・先回りを封印して子どもの行動を見守ってみましょう。宿題や学校の準備など「親が口を挟まなければやらない（できない）」と思っていたことでも、子どもを信じて任せてみると、一人で行動できることに驚くはずです。

子どもに指図をしないというのは、「放任せよ！」という意味ではありません。子どもが困っている時には励ましやサポートをして、安心させてあげてください。

どうしても子どもを動かさなければならない時、たとえばテストが間近に迫っているのに勉強しないという場合は、「テスト勉強しなさい！」と命令するのではなく、対話を心がけると効果的です。「テスト範囲でわからないところはある？」「どこが難しいのか教えてくれる？」と優しい口調で聞いてみましょう。子どもが勉強に集中できないのは、学習内容がよくわからず自信を失っていることが原因かもしれません。サポートが必要であれば、親も一緒になって問題解決していくように心がけてください。

ゲームをやめない子には「選択」させる

小学生以上の子どもで「勉強をしない」「ゲームばかりしている、YouTubeばかり見ている」という場合は、「子どもに選択させる」ことを意識すると効果的です。

「勉強しなさい」と強制せずに**「いつやるのか自分で決めてね」と伝え、子どもに選択を任せる**のです。ゲームばかりしている子どもには「いつまでゲームをするのか決めて教えてね」と伝えると効果的です。子どもの口から「あと30分でやめる」などと言わせるように導きましょう。約束を守らなかった場合は、厳しく叱ってください。

子どもに選択権をゆだねると、子どもの中に「自分は親から尊重されている」「自分がやりたいことをやらせてもらっている」という感謝の気持ちが生まれます。すると、親に対して素直になり、「やるべきことに自主的に取り組む」習慣が身につきます。

また、子どもに選択させる場面を増やすと、自分の好き嫌い、つまり自分自身を理解できるようになります。この積み重ねが自己形成（アイデンティティ）の土台となり、自分のやりたいことを追求できる豊かな人生へとつながっていくのです。

私は世界最高峰の名門難関大学群といわれるアイビーリーグ出身の若手エリートたちにインタビューをしたことがありますが、「子ども時代は好きなことばかりしていた！」という回答が多くて驚きました。遊んでばかりいたということではなく「スポーツや音楽など、自分がやりたいことを好きなだけやっていた」という意味です。

この子たちが本当に好きなことばかりして、勉強をしていなかったかというとそんなことはありません。でも「好きなことばかりしていた」と言うのです。この答えを聞いた時に「できる親のなせる技！」と思わずうなってしまいました。

親が指示・命令・先回りをせず、子どもの選択を尊重して育てると「やらねばならないこと」について「自主的なやる気」で取り組むことができる、自主性の強い子どもに成長するのです。

あえて、失敗を経験させる

「優柔不断で何も自分で決められない」という子どもが増えています。レストランで注文を決められない、洋服を選べない、次に何をすればいいのかわからない。

成長の過程で改善していくこともありますが、放っておくと何歳になっても自分が何をしたいのかわからず、なんとなく進学・就職して、なんとなく生きる大人になってしまう危険性があります。

子どもの頃から「自分のことは自分で決める」経験を積ませることは、自分を知り自分らしく生きるためのトレーニングなのです。

もちろん知識や経験が少ない子どもに選択させると、必ず失敗します。似合わない服を選んでしまったり、自分の好みではないお菓子を買ってしまうかもしれません。宿題を忘れて先生から叱られることも、テストで悪い点数を取ることもあるでしょう。

しかし、あえて子どもに失敗を経験させることも「選択」の質を高める大切なトレーニングなのです。子ども時代の失敗など、その先の人生でいくらでも取り戻すことができます。**「失敗したらかわいそう」と子どもから失敗を遠ざけてしまう方が、実際には、親として無責任**なのです。

子どもが失敗した時には、「次に失敗しないように考えよう」「次にうまくいくにはどうしたらいいかな？」と声をかけ、同じ失敗を繰り返さないように導きましょう。

人生は選択の連続です。その後の人生を左右する岐路に立たされた時、親や周囲の意見に流されるか、自分を信じて選択を下すのか、どちらが悔いのない人生を歩めるのかは明白です。

ところが、多くの人が本意ではない選択をしてしまうのです。その理由は、失敗するのが怖いからです。子ども時代に自分で決めて、失敗する経験をしていないと、何を基準に選べばいいのか、失敗した時にどう対処すればいいのかがわからないのです。そして、皆と一緒の道を歩けば安心だからと、自分で決めることをやめてしまいます。

子どもが大人になった時のためにも、成長に合わせて、指示・命令・先回りを少しずつ減らし、「自分のことは自分で決める」場面を増やしましょう。

11 やる気を高めるほめ方・ごほうびの与え方

1980年代以降にアメリカで主流になった「ほめる子育て」が日本でも近年、定着してきています。ほめることは「やる気の向上」に一定の効果がありますが、1章（6〜8ページ）でもふれたように危険性もあります。

大した努力もしていないのに「すごいね！」と、親がその場しのぎで子どもをほめてばかりいると、「私は何もしなくてもすごいんだ！」と子どもが勘違いして、自発的な「やる気」が育たないのです。では、どうすればよいのでしょうか？

子どもの「やる気」を伸ばすほめ方には、3つのコツがあります。

①　できた瞬間をほめる

②　本気でほめる

③　良い面を具体的にほめる

「できた瞬間」「本気で」「具体的に」ほめる

「パズルを完成させた！」「逆上がりができた！」という「できた瞬間」を見逃さず、その場ですぐにほめてあげましょう。子どもが意欲で取り組んだことが成功した瞬間に「上手にできたね！」と声をかけてあげると、子どもは「親はいつも自分を見てくれている」と実感でき、自己肯定感が高まり、やる気に火がつきます。

子どもの自主性を伸ばそうと、勉強や習い事を１００％子どもに任せていると、ほめるチャンスを失うことがあります。**放任するのではなく、見守ることが大切**です。「がんばっている姿を見ているよ」「あなたが努力しているのを知っているよ」というメッセージを子どもに伝えるためにも、「できた瞬間にほめる」ことを心がけましょう。

また、「本気でほめる」のが鉄則です。子どもは敏感ですから、口先だけでほめても心に響きません。親が子どもの自立や成長や努力に感動したら「〇〇は本当に成長したね。自分で何でもできてすごい！」と本気でほめてあげましょう。

さらに、親だけができるほめ方のコツが、子どもの「良い面を具体的にほめる」ことです。外見の良さであったり、性格面であったり、身体能力であったり、感性でも構いません。子どもの良い部分を一番よく知っているのは親です。

「○○は本当に優しいね。お友だちといつも仲良くできるのはすごいことだよ」と、子どもの良い面を「具体的に」ほめてあげてください。

子どもの良い面というのは「外見」でも構いません。今の時代は他人の外見(スタイルがいいね！など)について言及することはご法度です。うかつに外見についてふれるとセクハラや差別扱いされてしまうこともあります。でも、親が自分の子どもの外見をほめるのは何も問題ありません。

子どもは自分の長所や特性に自分では気づくことができません。だからこそ、**親が子どもの良い面を言葉に出して伝えてあげることが大切**です。「笑顔がかわいいね」と子どもに伝えていると、子どもは自分の良い面をより強く意識するようになり、実際にその部分が伸びていきます。本当に笑顔がかわいい大人に成長するのです。

親の「謙遜」が子どものやる気をつぶす

「○○ちゃんは賢いね」とわが子をほめられた時、「そんなことないよ」「うちの子は全然できないよ」と否定していませんか。本心ではなく謙遜であっても、横で聞いていた子どもは「私は全然できないんだ……」と言葉通りに受け取ってしまうのです。

脳神経学者のアンドリュー・ニューバーグ博士とマーク・ウォルドマン博士の共同研究によって、

ネガティブな言葉がストレスホルモンであるコルチゾールを生成すること、そして、ポジティブな言葉がやる気や幸福感を高めるホルモンであるドーパミンを放出させることがわかっています。

社交辞令として親が自分を謙遜するのは構わないのですが、子どもを下げるのはやめましょう。**親の言葉は子どもの脳に強い影響を与えます。**親が本心でなくても「うちの子はダメ」「うちの子はできない」とネガティブな言葉を聞かせていると、ホルモンの働きによって、本当に子どもからやる気や自己肯定感を奪ってしまうのです。

嫌みにならずに「子どもを上げる」3つの受け答え

そうはいっても、「○○ちゃんは賢いね！」とわが子をほめられた時、「そうなの、うちの子は天才なのよ！」と答えるのはかなり難しいですよね。

わが子がほめられた時、どうしたら子どもを下げずに、かつ、相手に嫌みにならない対応ができるのでしょうか。3つの受け答えをご紹介します。

対応その1は、「自分を下げる」です。

「○○ちゃんは本当に賢いね」と言われたら、「そうなのよ、トンビがタカを生んだのよ」と、子どもへのほめ言葉は素直に受け入れ、すかさず親が自分を下げれば嫌みにならずに済みます（笑いにしないと嫌みになる可能性があるので要注意です)。

対応その2は「身内を上げる」です。

「〇〇ちゃんは頭がいいね」とほめられたら「そうなのよ、旦那に似てくれて助かったわ」など、パートナーや身内を上げるのもいい方法です(こちらも笑いにしないと身内自慢になる可能性があるのでご注意を)。

対応その3は「感謝&ほめ返し」です。

「〇〇ちゃんはすごいね」と言われたら「ありがとう。〇〇もがんばっているみたい」あるいは「ほめてくれてありがとう。でも〇〇ちゃんもすごいよ」と相手の子どもをほめ返すイメージです。「ほめる文化」が浸透しているアメリカでもよく使われます。

ポジティブな言葉は子どもの自己肯定感を高めることはもちろん、学力にも良い影響を与えます。

アメリカのクリエイティング・ウィー・インスティテュートの研究によって、肯定的な言葉は幸福ホルモンであるオキシトシンの生成を増やし、知的能力や生産性を高めることがわかっています。

子どもにとってのポジティブな言葉とは、「ありがとう」「頼りになるわ」など感謝を伝える言葉。「生まれてきてくれてありがとう」「〇〇ちゃんは宝物よ」「〇〇ちゃんが大好き」など子どもを受け入れる言葉。そして、「集中力があるね」「いい笑顔だね」など子どもの良い面をほめる言葉です。

「親の愛情」は最高のごほうび

子どものやる気を高める要因は「興味」と「報酬」だといわれています。興味とは子どもが好きなこと、やりたいことです。興味があることなら、周りから言われなくても自発的なやる気で取り組むことができます。

報酬は自分の行動によって得られる「ごほうび」です。大人にとっての報酬はモノやお金であることが多いですが、子どもにとっての最高の報酬は「親の愛情」です。

年齢が小さい子どもであれば、「自分で靴が履けた」「自分でコップから水が飲めた」という瞬間を親が見逃さずに「よくできたね」「自分でできてすごいね」とほめてあげると、「関心」と「報酬」の両方が満たされてやる気がアップします。

小学生以上の子どもであれば、「漢字テストで90点を取った」「ピアノを練習して1曲弾けた」という成功体験に合わせて、親が「よく努力したね」とほめてあげるとやる気が大きくなります。

さらに、**言葉でほめるだけでなく、スキンシップを加えると効果が倍増**します。子どもの頭をなでながら「よくがんばったね」と伝える。子どもをギュッと抱きしめて「本当にえらいね」と伝えると、子どもは親の愛情を強く実感でき、やる気が高まるのです。

親が「興味」と「報酬」を意識して子育てに当たれば、子どもの「やる気」を維持しやすくなります。自分の意欲で挑んだことがうまくいったという成功体験、努力を親からほめてもらったという成功体験が多いほど、やる気が大きく、自立心の強い子どもに成長していきます。

子どもをモノで釣るのは正解なのか？

「100点を取ったらおもちゃを買ってあげる」「成績が上がったらお小遣いをあげる」など、報酬をモノやお金にすることは（小学生以上の子どもにとって）必ずしも悪いことではありません。

しかし、モノやお金を報酬として与えることが習慣になると、報酬がなければその行動を自分から進んでやらなくなったり、どんどん高価な報酬を与えなければいけなくなったり、報酬の魅力が減ったりして、効果が薄れてしまうので注意しましょう。

子どもをモノで釣る行為は、裏を返せば「親の言うことを聞けばモノがもらえる」というメッセージを子どもへ送ることでもあります。子どもがこれを逆手に取るケースも考えられます。「言うことを聞いてもらいたければモノをよこせ！」と要求するようになるのです。

かくいう私も小学校の入学式当日に「学校に行かない！」と駄々をこねて、欲しかった自転車をまんまとせしめた経験があります。皆さんも、子ども時代を振り返ると、親や祖父母を困らせてモノを手に入れた経験が一度や二度はありませんか。

親は軽い気持ちでモノで釣りがちですが、子どもはそう受け取らないのです。子どもは本当に賢いですから、経験から学習します。モノで釣られる経験を繰り返すうちに、「勉強してもらいたければスマホを買ってくれ！」となるのは自然なことです。

モノやお金よりも、子どもにとって一番嬉しいのは、親から認めてもらうこと、親から努力をほめてもらうこと、親から受け入れてもらうことです。子どもが自発的な意欲でがんばったことは、結果が伴わなくても「よくがんばったね」とほめて、励ましてあげてください。

子どもの年齢が上がり、勉強や習い事の難易度が上がると、がんばった分だけ報われるということは少なくなります。一生懸命勉強しても成績が思うように伸びなかったり、必死で練習しても試合やコンテストで負けることもあるでしょう。そんな時、一番近くにいる親が「よくがんばったね」と努力を認めてあげれば、子どもが「やる気」を失うことはないのです。

12 やる気を高める環境作りのコツ

ここでは、「やる気が高まる環境作りのコツ」について紹介していきます。どれも今日から簡単に実践できるものばかりですが、効果は絶大です。ぜひ実践してみてください！

家に写真を飾ると子どもの自己肯定感が高まる

皆さんは、家族や子どもの写真を家に飾っていますか？ 実は、家族写真を家に飾ると子どもの自己肯定感が高まることが、多くの研究によってわかっています。ちなみに、アメリカや韓国でも、家族写真を額縁に入れて飾る習慣が定着しています。

アメリカの心理学者デビッド・クラウス博士は、「家族写真を家に飾ることで『あなたはこの家族にとって大切な存在です』というメッセージを子どもに伝えることができる。親から愛され、受け入れられていること、そして家庭が安全で安心できる場所であることが子どもに伝わる」と言います。

公立諏訪東京理科大学の篠原菊紀教授と東京家政大学の岩立京子教授の共同研究によって、子どもの写真を飾っている家庭の子どもは「自分は親から大切にされている」「自分には良いところがある」「今の自分が好きだ」と答えた割合が、飾っていない家庭の子どもよりも高いことがわかりました。

また同研究で、普段は家族写真を飾っていない家庭に3週間子どもの写真を飾ってもらい、「写真を3週間飾る体験」をした小学生と、体験していない小学生の脳の活動を測定しました。その結果「写真を3週間飾る体験」をした子どもは、自分の写真を見た時に「心地よい」と感じる脳の部位が活性化すること、すなわち自己肯定感が高まることがわかったのです。

「子どもの写真」と「家族の写真」を寝室に飾る

最近はスマートフォンやタブレットで子どもの写真を撮り、そのままデジタルデバイスに保存するのが一般的になりました。しかし、**子どもの自己肯定感を高めるには、写真を大きくプリントアウトして、「毎日繰り返し」子どもの目に入る場所に飾るのがおすすめ**です。

さらに、アメリカの児童心理療法士ステファニー・マーストン博士は、子どものベッドのそば（寝室）に写真を2枚飾ることを提案しています。1つは、子どもが得意な活動に取り組んでいる姿。自転車に乗ったり、ソフトボールをするなど、なんでも構いません。そしてもう1つは、家族の一体感を表す写真です。

この理由についてマーストン博士は「就寝直前の30分間は、子どもが他のどの時間よりも受容的で、耳を傾け、吸収する時間だから」と述べています。子どもが能力を発揮して輝いている姿、家族が幸せに過ごしている姿を寝室に飾ることで、自分自身や家族に対する肯定的なイメージを「強く」印象づけることが可能になるのです。

家の目立つ場所に子どもの作品、賞状、トロフィーを飾る

家族写真に加えて、子どもの絵やアート作品を家の目立つところに飾ると、子どもの自己肯定感が高まります。上手に描けた絵を額縁に入れて、人目につく場所に飾ってあげると、それを見た子どもは「自分は大切にされている」「自分には価値がある」という気持ちになるのです。

この方法の良いところは、作品を目にするたびに、自分の努力の過程や達成感を再確認できることです。「この絵は上手に描けたな」「これはがんばって作ったな」と、過去の成功体験を思い出すことができ、それが自信の強化へとつながります。

また、家を訪れた友人や親戚などから「○○ちゃんは絵が上手ね！」とほめてもらえるのもメリットです。大人からほめられると、子どもの自信は倍増します。最初は（こっそり）祖父母や親戚に作品をほめてくれるように頼んでおくとよいでしょう。

子どもの写真や作品を飾る時は「額縁に入れる」のがおすすめです。見栄えがグンと良くなり、親の「愛している」「大切にしている」メッセージを、より効果的に子どもに伝えることができます。

「お手伝い」は、自主性とやる気を高める近道

子どもの自主性を育て、やる気を高める最高の方法は「お手伝い」です。子どもに簡単なお手伝いを頼み、手伝ってくれたら、「ありがとう。助かったわ」と感謝して抱きしめる。すると子どもは、「自分はできる」という自信を大きくすることができます。

お手伝いを頼む時は、命令で子どもを動かそうとしてはいけません。小さな用事でも「頼むこと」を忘れないでください。「〇〇ちゃん、このお皿をテーブルに持っていってくれるとママ助かるわ」と頼めば、子どもは必ず応えてくれます。そして手伝ってくれたら「ありがとう。〇〇ちゃんのおかげで助かったわ。頼りになるわ」と抱きしめて感謝します。

子育て上手な親は、子どもに頻繁にお手伝いを頼み、成功体験のインプットを積み上げています。人から感謝される喜びをたくさん経験して育った子どもは、前向きで積極的な人柄に育ちます。

小学生以上の子どもには、料理の手伝い、家の掃除や洗濯、ゴミ出しなどを任せて報酬としてお小遣いを渡しましょう。家事分担を決める時は、親が一方的に決めるのではなく、子どもにも相談して

一緒に決めることがポイントです。

食事の準備と片付けは毎日。週末には部屋掃除とお風呂掃除。毎月これを達成したら、報酬としてお小遣いを2000円あげる。このようなルールを決めて、紙に書き出し、子どもの目に入る場所に貼っておきましょう。そして、毎月の達成具合を親が評価してお小遣いをあげるようにします。

お小遣いを定額であげるのではなく「報酬制」にすることで、子どもは意欲的に働くことで「対価」を得るという社会の仕組みを理解することができます。働いた時間や労働の結果（どれだけ部屋をきれいにしたかなど）を考慮して、「ボーナス」や「昇給」を決めるのも効果的です。

3歳児には、公共の場と家庭のルールの違いを教える

デパートで「さわっちゃダメ」「そっち行っちゃダメ！」と3歳児の後を追いかける親をよく見かけます。子どもからすれば、デパートには見たこともない魅力的なモノがあふれています。さわってみたくなるのが人の常です。親としては「お店や周りの人の迷惑にならないように」と、子どもの行動を抑えたくなりますよね。

しかし、子どもは「何がダメなのか」がよくわからないのです。家庭で自由にモノを手に取っているように、デパートでもいろんなモノにさわりたい。それなのに、「ダメ」と言われてしまう。これ

が子どもにとってはストレスになります。

「家の中と外ではルールが違う」ことを、子どもに理解させる必要があるのです。まずは、家の中のルールを明確にします。元気にあいさつする、自分のモノは自分で片付けるなど、子どもが実践しやすいルールを2つか3つ決め、紙に書いて貼っておきます。

次に、外には外の世界のルールがあることを理解させます。公園の入り口には「サッカー禁止」「バーベキュー禁止」などのルールが記載してあります。それを子どもにも見せて、家の外にはあらゆる場所に、それぞれのルールが存在することを教えてあげましょう。

お友だちの家、公園、幼稚園、病院、レストラン、デパート、電車の中、それぞれの場所にルールがあるのは、人々の安全を守るため、お互いが気持ちよく過ごすため。この原則を子どもに教えてあげれば、頭ごなしに「ダメ」と言わなくて済みます。

「人に迷惑をかけない」をゴールにしない

私は、日本、アメリカ、中国で塾を経営し、世界中の子育てを見てきましたが、**日本の若者の自己肯定感が低い原因が、個性を抑えて周りに合わせる「人に迷惑をかけない子育て」にある**ように思えてなりません。

ベネッセコーポレーションが日本、韓国、中国、台湾の母親に行った「子どもに期待する将来像」という調査で「人に迷惑をかけない人になってもらいたい」と答えた割合は、日本71％、韓国24・7％、中国4・9％、台湾25％でした。日本の数値は71％でダントツです。

「人に迷惑をかけてはいけない！」と言われ続けて育った子どもは、「迷惑をかけないように我慢しよう」と、自分の行動を抑え込み、周囲に合わせることを優先するようになります。

もちろんデパートで走り回ったり、レストランで騒いだり、周りに迷惑をかける行動は抑えなければなりません。しかし、多くの場合、デパートやレストランに行きたいのは子どもではなくて「親」なのではないでしょうか？

自分で選んだわけではない場所に連れていかれ、「迷惑をかけるな！」と言われても、子どもからすれば納得できません。多くの子どもにとって、走り回ったり、大きな声を出して遊びたいというのは自然な欲求です。この自然なやる気を伸ばすには、デパートではなくて公園へ（頻繁に）連れていってあげればいいのです。

それでも、親の都合で子どもと外出しなければならない場合は、出かける前に、どこに行き、そこにはどんなルールがあるのかをきちんと伝えてあげてください。

「今日はおじいちゃんのお見舞いに病院へ行くよ。病院は具合の悪い人がいるから騒いではいけないルールだよ」と伝えれば、子どもは約束を守ろうと努力してくれます。**頭ごなしに「迷惑をかけては**

いけない！」と子どもの行動を抑えつけるのではなく、ＴＰＯ（時と場所と場合）に合わせて行動できるように、導いてあげましょう。

社会の同調圧力に負けない子どもに育てるためには、家庭でやる気を大きく育てる工夫をすることが大切です。

第4章

学業と習い事を両立させる秘訣

13 文武・文芸両道がこれからの時代に求められている

わが子が得意なものを1つ見つけたら、それだけにとことん集中させようと思っていませんか？

特に日本では、勉強が得意な人は勉強だけ、スポーツが得意な人はスポーツだけ、音楽が得意な人は音楽だけを「職人」のように極めるイメージがあるかもしれません。

しかし近年の研究によって、**勉強と習い事を両立することで「相乗効果」が生まれる**ことがわかってきました。

習い事と勉強の「両立」はＩＱアップの近道

アメリカのArchives of Pediatrics & Adolescent Medicine Physical Activity and Performance at Schoolが１９９０年から２０１０年に「スポーツと学業に関する14の調査の信ぴょう性」を調査した結果、**スポーツ活動に参加することは学業成績に良い影響を与える**ことが確認されました。

また、トロント大学のグレン・シュレンバーグ教授が２００４年に行った「音楽がＩＱに与える影響」の研究で、**音楽を習った生徒は、習わない生徒よりもＩＱが高くなる**ことがわかりました。同じくトロント大学のシルベイン・モレノ准教授が２０１１年に行った調査では、音楽のレッスンを受けた生徒は、たった20日間でＩＱが高まることがわかりました。

スポーツや音楽だけではありません。アメリカの大学進学適性試験を実施するカレッジボードが行った調査で、演劇経験がある生徒は、未経験者に比べて国語のテストスコアが平均で65ポイント高く、算数のテストスコアが平均で34ポイント高いことがわかっています。

アメリカの大学入試は「ＡＯ入試」が一般的ですが、難関大学ほど、学業と課外活動（スポーツや音楽など）を両立してきた生徒を重視します。**勉強ができるだけでなく、スポーツや芸術への造詣が深いこと**、「人間の総合的な魅力」が高いことを求める時代がやって来たのです。

日本でも文武両道が注目されてきています。神奈川県の湘南高校、埼玉県の浦和高校、東京都の西高校などの公立学校、武蔵、本郷、渋谷教育学園、東大寺学園などの私立中高一貫校は文武両道を目指す進学校です。これらの学校は部活動に力を入れることで生徒の人間力アップを実践し、日本のトップ大学はもちろん、海外大学への進学者も多数輩出しています。

「勉強一筋」の子どもは、燃え尽きやすい

実は、勉強重視で学齢期を過ごした子どもは敗北を経験した時に挫折しやすく、燃え尽きやすくなります。

どんなに勉強が得意でも、必ず上には上がいます。さらに、勉強は全ての子どもがやることなので競争のレベルが高い。上に行けば行くほど競争が熾烈になるため、簡単に1番にはなれないのです。

これを裏付けるエピソードがあります。世界一教育熱心といわれる韓国では、1997年の通貨危機後に「海外留学ブーム」が起きました。裕福層を中心に子どもを英語圏へ留学させることがトレンドとなり、ピークの2006年には、全学齢期の子どもの38％が留学経験者となりました。その結果、アメリカのトップ大学へ進学する韓国人学生も急増しました。2013年のハーバード大学（大学院含む）の国別在籍者数を見ると韓国は293名で、中国（722名）、カナダ（568名）に次ぐ世界第3位となっています。これは、当時の日本の3・3倍です（同年の日本人在籍者数は88名）。

ところが、ここに思わぬ落とし穴がありました。アメリカのトップ大学に通う韓国人学生のうち44％がドロップアウト（途中退学）してしまったのです。世界のトップ大学に合格したことで目標を失い、さらなる学習への意欲を失ってしまう、いわゆる「燃え尽き症候群」と呼ばれる現象です。

合格後にさらに激化する世界のエリートたちとの競争に心が折れ、勉強へのモチベーションが湧か

ず、「自分はアメリカではやっていけない」と自信喪失してしまったのです。

同じことが日本の「中学受験」でも起きています。**受験を終え、中学に入学した後に成績が下がり続ける「燃え尽き症候群」が増加し、社会問題化してきています。**燃え尽き症候群は第1志望校に合格した場合でも起こります。

裕福な家庭の子どもは質の高い教育を受けることができますが、同時にハイレベルの競争に巻き込まれます。**親が「勉強だけ」に気を取られて、メンタル面を鍛えることをおろそかにしてしまうと、中学受験後に、子どもが燃え尽き症候群に陥る可能性が高くなってしまう**のです。

学業と習い事の両立で「後回し癖」が消える

そうはいっても、日々の勉強に加えて習い事に「本気で」取り組むことは、並大抵の努力ではできません。多くの親は「子どもがかわいそう」「詰め込みすぎることで、燃え尽きるのでは」と不安に思うでしょう。しかし、両立で燃え尽きることはありません。なぜなら、**勉強と習い事を両立させることで「タイムマネージメント能力」が身につく**からです。

タイムマネージメント能力とは、限られた時間を有効に使い、生産性を最大限に上げる力です。実は、多くの子ども（大人も）はこの力を身につけていません。勉強していても他のことを考えている。

ただ機械的に記憶したり、問題を解いたり、ノートに書き写しているだけで「思考停止」している……このように、ダラダラ勉強する子どもが実に多いのです。

これらは「時間の価値」を理解できていないから起きる現象です。後でやればいい、後で理解できればいい、後で覚えればいい。「時間が限られていること」を実感させてあげないと、その場でできることを後回しにする習慣がついてしまうのです。

勉強と習い事を両立させている子の共通点は、「聞く力」が高いことです。先生の話をよく聞いて、学習内容を「その場で理解しよう」「その場で記憶しよう」としています。習い事に真剣に取り組んでいる子は、とにかく時間がありませんから、限られた時間の中で最大限の効果を得ようと、授業中も集中しているのです。

タイムマネージメント能力が身についてくると、学力を自分の力で積み上げられるようになります。学校や塾の先生に頼るよりも、自分で問題解決する方が早いからです。何がわからないのかを分析し、どうしたらわかるのかを考え、自分で解決していけるようになります。子ども時代に培ったタイムマネージメント能力は、一生を通して子どもの技能を高いレベルに引き上げてくれます。

一方で、**子ども時代に「時間を好きなように使うこと」に慣れてしまうと、「時間の価値」が実感できない**のです。そして「後でやればいい」というあしき習慣が身についてしまいます。

人間力を高める非認知能力は「集団活動」で育つ

東京成徳大学の夏原隆之准教授が、小学3年生〜中学3年生を対象に実施した「子どもの非認知スキルの発達とスポーツ活動との関連性」調査で、スポーツ経験のある子どもは「非認知スキル（以下、非認知能力）」が、未経験者に比べて高いことがわかりました。また**「集団スポーツ」を「長く継続している」子どもほど「非認知能力」が高い傾向にある**ことがわかりました。

非認知能力とは、自己肯定感、チャレンジ精神、粘り強さ、レジリエンス、コミュニケーション力など、物事を成し遂げたり、新たな技能を習得したり、人間関係を形成していく上で不可欠な力の総称で、「人間力」「EQ」「ソフトスキル」とも呼ばれます。

非認知能力が注目されてきた背景に、2000年にノーベル経済学賞を受賞したアメリカの研究者ジェームズ・ヘックマン博士の研究があります。これは子ども時代に身につけた非認知能力の高さが、将来の学歴、キャリア形成、経済的な安定度、人生の幸福度に影響することを明らかにしたものです。

日本、韓国、中国など儒教の影響が残る国々では、伝統的に認知能力（偏差値やIQなど数値で評価できる技能）が重視されてきました。しかし実際には、一人で机に向かって勉強しているだけでは「社会で幸福に生きるために必要な技能」の多くが身につかないのです。

14 良好な親子関係を維持するコツ

「文武・文芸両道」が求められるとはいえ、学業と習い事を高いレベルに引き上げていくのは簡単なことではありません。

子どもが学業と習い事を両立していくには、良好な親子関係を維持することが何よりも重要です。子どもが親を100%信頼していれば、安心して親についていけますから、高い目標に向かって目の前のタスクをこなせるようになります。良好な親子関係を維持するコツは次の2つです。

①　生活リズムを一定にする（ルーティン化）

②　子どもとの対話を増やす（子どもをよく知る）

睡眠時間を安定させれば、やる気が出る

生活リズムの乱れは情緒を不安定にします。情緒が不安定になると集中力が欠如したり、イライラ

したり、やる気を失ったりしますから、学力も習い事も生産性がガクンと落ちてしまいます。大人でも不規則な生活が続くと精神や体調に不調を来すようになりますね。心身が発達途上の子どもは大人の何倍も「生活リズムによる影響を受けやすい」のです。

最優先にすべきは「睡眠」です。早寝早起きを基本にしましょう。睡眠習慣を安定させると成長ホルモンの分泌が促進されます。寝る子は育つというのは科学的にも事実なのです。

睡眠は子どものメンタル面にも影響します。睡眠が足りない子どもには、集中力がない、落ち着きがない、周囲に対して攻撃的になるという傾向が見られます。このような精神状態では、勉強も習い事も効果的に身につけていくことができません。

子どもの生活リズムが乱れる原因のほとんどは「親の生活習慣」です。まず親が生活リズムを規則正しく整える努力をしましょう。親が夜型の生活を送ると、子どもの生活リズムも夜型に引っ張られます。親が夜の時間を楽しみたい場合は、早い時間に子どもを就寝させてからにしましょう。

また週末や連休などに出かけること（外食を含む）が多いと、生活リズムが崩れがちです。もちろん親にとっても子どもにとっても余暇や息抜きは大切ですが、休みの日でもいつもの生活リズムを大きく崩さないように心がけてください。

小学校高学年になると、テストや宿題のために夜更かしすることがあるかもしれません。習い事の試合やコンテストに泊まりがけで出かけることもあるでしょう。それでも、できるだけ就寝時間は守るように子どもに伝えてください。眠い目をこすりながら勉強したり、寝不足で発表会や試合に挑んでも、良い結果につながらないことが多いのです。

あまり難しく考える必要はありません。基本は**いつも同じ時間に起床し、食事を取り、就寝すればいい**のです。

夏休み明けの「学力ロス」は時間割で防ぐ

6月から8月まで、3ヶ月もの「長い夏休み」があるアメリカでは、毎年、夏休み明けになると「サマースライド」と呼ばれる学力低下現象が起こることが知られています。

サマースライドは小学校低学年の子どもに顕著に表れ、ある調査によると、夏休み中に勉強を怠った場合、1〜2ヶ月分の学力が失われ、それを取り戻すのにさらに1〜2ヶ月を要することがわかっています。つまり、**夏休みに何も勉強をしないと、最大で4ヶ月分の学力を失う**のです。

日本でも、夏休みにサマースライドが起きるリスクがあります。これを阻止するには、長期休暇中も学期中と同じような生活リズムを維持することが効果的です。

夏休み中の生活リズムが安定していると、子どもは次に何をすべきなのかが自分でわかりますから、やるべきことに集中して取り組めるようになります。

「夏休みに里帰りすることを楽しみにしている」という場合でも、1週間などなるべく短めの期間で出かけましょう。1週間程度なら多少生活リズムが乱れてもすぐに修正できます。

「楽しく食事する家庭の子」は成績優秀になる

1日平均2時間13分。

何の時間だかわかりますか？

これは、フランス人が1日の食事に費やす平均時間（OECD〈経済協力開発機構〉の調査より）です。堂々の世界一です。フランス人にとって食事は「栄養補給」だけが目的ではありません。家族のコミュニケーションを密にし、お互いの信頼関係を強める時間を兼ねているのです。

学業と習い事の両立には「親子の強固な信頼関係」が必要だとお伝えしました。**親子の信頼関係を強化する最適の場が、家族全員がそろう「食卓」**です。できるだけ家族がそろって食事を取ること。5分でさっさと食べて終わりでなく、「対話」を楽しむことを意識しましょう。親の仕事が忙しくて平日は家族と一緒に食事を取ることが難しい場合は、週末だけでも家族全員で食事を取ることを家庭のルールとしてください。

食事中は、親が率先して会話を切り出し、子どもが自由に発言できる楽しい雰囲気を作りましょう。ポイントは楽しい会話です。**悪口、陰口、批判、小言などは封印して、その日にあった面白い出来事やニュースを話題にしてください。**

「親子だからわざわざ口に出さなくてもわかり合えるだろう」という考えもあるかもしれません。食事は静かに食べるのがマナーだという考えもあるでしょう。しかし、親子であっても（夫婦やパートナー間であっても）きちんと「言葉で」伝え合わなければ、お互いを理解することはできないのです。食事は親子の対話の場。そう子どもに認識させるように、親が「対話」を意識してください。

ベネッセ教育研究開発センターが行った調査で、家族そろって食事を楽しんでいる家庭ほど「家族関係が良好」であることがわかっています。またコロンビア大学による調査では、週に5回以上家族で食事を取る家庭の子どもは、成績が良好で、問題行動が少ないことがわかっています。

食事の時間は、親にとっては子どもの心身の状態を見極める時間であり、子どもにとっては緊張する外の世界から解放されて、ほっと一息つける安心の時間です。食事の時間が楽しい家庭では、親子関係（夫婦関係も）がぎくしゃくすることは少なくなります。**食事は家族の結束を強める上で大切な時間**なのです。

食事中の雑談で「地頭が良い子」が育つ

食事中の楽しい会話は子どもの「考える力」と「コミュニケーション力」を育ててくれます。**地頭が良い子どもは、多くの場合、家庭での普段の「対話」によって発想力や言語力を獲得しています。**

一方で、食事中の会話が「宿題やった？」「学校で何を勉強した？」「誰と遊んだ？」「テストは何点だった？」という尋問中心や、「野菜を食べなさい」「こぼさないできれいに食べなさい」「残さないで！」という小言中心になると、子どもは親の話に聞く耳を持たなくなります。それどころか、食事の時間そのものを嫌がるようにさえなってしまうので注意が必要です。

親との会話が楽しければ、子どもは自ら話題を提供するようになります。子どもが勉強や人間関係などの悩みを何でも親に相談できれば、ストレスをため込むことも少なくなります。また、勉強面でもわからないことを放っておくことがなくなり、学習の消化不良に陥らずに済むのです。

まずは親の側から楽しい話を切り出すことを日課にしましょう。「今日こんなことがあったよ」と雑談を始めれば、子どもは話に乗ってくるようになります。そうしたら、子どもから話をしたくなるように上手に導いてあげましょう。

雑談は、どうでもいい日常のたわいもない話であり、結論や目的はありません。**中身がない話ほど子どもをリラックスさせる**のです。間違っても子どもの発言をバカにしたり、批判したり、親の意見を押しつけたりしないでください。それを繰り返していると、子どもが食卓から逃げてしまいます。

優秀な子どもを育てる親は、子どもとざっくばらんに話し合える良好な親子関係を維持しています。それが子どものストレス発散になり、活力へつながることを知っているのです。

15 「習い事をやめたい！」と言った時の対処法

「もうやめたい！」「行きたくない！」。習い事に取り組んでいる子どもが一度は口にする言葉です。この時、親は冷静に子どもの「技能」と「やる気」を見極めて、継続するかどうか、賢く判断しましょう。「やめたい！」と言った時の対処法は次の2つです。

① サポートしてうまくしてあげる

② 技能差が埋まらない場合はやめる選択もあり

サポートしてうまくしてあげる

習い事をやめたいという理由のほとんどは「うまくできないから」です。**親が根気強く基礎練習につき合い、必要な時はコーチの手を借りて、うまくできるようにサポートしてあげてください。**

幼児期〜小学校低学年の子どもの場合、ほんの少しサポートするだけで技能が飛躍的に向上します。水泳の練習に親が週に数日つき合ってあげる。毎日5分、子どもと一緒にピアノを弾いてあげる。これだけで子どもの技能は上達し、「自分はできる！」という自信を取り戻すことができます。

小学校高学年以上の子どもも基本は同じです。ただ小学生以上になると、（周りの子どもも努力していますから）技能差を埋めるのに時間がかかるようになります。

私の教え子（女の子）に幼児期からゴルフに取り組んでいる子がいました。しかし小学校に上がる頃から技能が伸び悩み、スコアが上がらない状態（競技で下位の成績）がずっと続きました。その子は「やる気」を失いかけていましたが、父親は子どもを信じて、根気強く、その子の基礎練習につき合い、励まし続けました。

そばで見ていた私も「ゴルフは向いていないのでは？」と感じることがありましたが、父親はあきらめずに小学校時代を通してサポートを続けました。すると、それまで蓄積してきた基礎練習の成果がようやく開花し、中学生になる頃からメキメキ腕前が上がり始めたのです。

その子は中学・高校とゴルフを継続し、最終的には、返済不要のスポーツ奨学金を得てアメリカの大学に進学することができました。もし小学校時代に「向いていない」とゴルフをあきらめていたら、その子の人生は別のものになっていたでしょう。

親が子どもをサポートしてうまくしてあげる。簡単にやめさせる前に親が子どもを信じて「うまくしてあげる」ように努力しましょう。

「ブラック習い事」に要注意！

子どもが「やめたい！」と言う理由が、習い事の友だち関係（仲間外れなどのいじめ）や高圧的な指導者（スパルタ主義、成果主義、えこひいき）であるケースがあります。これらの「ブラック習い事」が原因である場合は、環境を変えて習い事を継続することを検討してください。

まず、子どもと話し合ってやめたい理由を明らかにしてください。この時、**絶対に子どもを追い詰めてはいけません**。子どもに寄り添い、優しい口調で「どうして行きたくないの」と聞きましょう。

習い事の仲間との折り合いが悪かったり、先輩からいじめに遭っているような場合は、習い事の責任者に相談して解決方法を協議します。直接、相手（あるいは相手の親）に伝えると、さらに問題が大きくなることがありますので、第三者を通して問題解決を図ることが大切です。

協議によって問題が解決できるようでしたら、歩み寄りましょう。習い事では「お互いさま」の意識も必要です。

子どもの成長過程ではトラブルがつきものです。**「指導者や保護者たちが協力的であるか」も習い事の環境を選ぶ際に重要なポイント**です。

指導者の人格（差別的、えこひいき）や、教え方（高圧的、スパルタ式）に問題がある場合、習い事の環境を変えることを検討しましょう。子どもにマッチした習い事であっても、気質に合わない環境に入れていると、子どもの良い面がつぶされてしまうことがあります。**習い事は子どもがポジティブな経験を積む場**です。嫌な思いをすることが多いのであれば、習い事自体は継続し、習い事の環境を変えることを考慮しましょう。

「精神論」「スパルタ指導」は時代遅れです。**厳しくすればメンタルが鍛えられるというのは迷信**です。強いメンタル（自信）を作るには「成功体験の積み重ね」がより効果的であることは、数々の研究が明らかにしています。

技能差が埋まらない場合はやめる選択もあり

親やコーチの目から見て「上達の可能性がない」「明らかな技能差がある」場合、習い事をやめるという選択も視野に入れてください。周りの子どもたちと比較して、明らかな差があるというのは「子どもにとって苦痛なだけ」です。

まだ子どもにその習い事へのやる気が残っていればいいですが、そうでなければやめるという選択も必要です。ただ、**習い事をやめることは子どもにとって嬉しいことではなく、失敗体験になるので慎重に決断してください。**

もしその習い事が、「親が選んで始めさせた」のであれば、自分の失敗を子どもに詫びてください。

「やりたくない習い事を勝手に選んでごめんなさい！　これからはあなたの考えを尊重します」。**そう言ってあげてください**。そうすれば、子どもはやめることが傷にならないで済みます。

子どもが「自分で選んだ習い事」をやめたいと言ってきた場合は、子どもに「選択」を促してください。**「あなたが選んだことをやめるのはきっと悔しいでしょう。それでもやめますか、それとも、もう少しがんばってみますか？　自分でよく考えて決めていいですよ」**と伝えて、子どもにやめるかどうかを真剣に考えさせましょう。

子ども本人にまだやる気が残っている場合、あるいは、努力次第でその習い事がうまくなる望みがある場合は、やめさせてはいけません。家庭で集中的に練習をさせたり、個人レッスンを受けさせて、技能を周囲の子どもたちよりも少しだけ上達させる努力をしてあげましょう。

子ども自身がよく考えた上で「やめる」という決断をした場合、子どもの意思を尊重しましょう。

親は「わかった。あなたの意思を尊重します。ただ習い事を何もしないのはダメです。わが家のルールに反します。だから他に本気でやりたいことを考えてね」と伝え、子どもと一緒にベストマッチの習い事を見つける努力をしてください（第2章参照）。

中学受験と習い事の「失敗しない」両立法

都市部を中心に「中学受験」がブームです。受験が過熱して起こるのが「低年齢化」です。ひと昔前は小学4年生くらいから中学受験に備えて通塾をスタートするのが一般的でしたが、今では、小学校入学と同時に受験塾に通ったり、「受験塾に入るための塾」に通う子どもが増えています。

同時に、習い事を全てやめて受験に集中する家庭も増えています。しかし、**受験のために習い事をやめるのは賢い選択ではありません。**習い事と中学受験は両立できます。「受験勉強だけ」の詰め込みは、能率が上がらないばかりか、受験後に子どもを「燃え尽きさせる」原因になるのです。

習い事をやめるのではなく、練習時間や回数を減らし「細く長く続ける」ことを考えてください。

「短い時間で多くのタスクを終わらせる」習慣づけで、両立は必ず成功します。たとえば、国語、算数、理科、社会、4つの課題がある場合、それぞれを15分間、合計1時間以内でこなすように目標を定めてみましょう。さらに、勉強の合間に習い事の練習を組み入れます。ピアノを習っている子でしたら、勉強の合間に「5分間」ピアノの練習を入れるイメージです。**国語→算数→ピアノ→理科→社会→ピアノという要領で、タスクの切り替えを意識すると、集中力がアップします。**

それでも、子どもが「勉強に集中したいからやめたい」と言ってきた場合は、習い事を続けるメリットを伝えて、子どもに考えさせるようにしましょう。

「中学に入学してから習い事を再開すればよいという考え方もあるかもしれないけれど、受験勉強中に習い事を続けてきた子と、やめてしまった子の間にはメンタル面と技術面の大きな差が生まれることは想像できるよね」と伝えて、練習量を減らしても構わないので習い事を継続するように促してください。

学校、塾、習い事と忙しい中でもマルチタスクをこなし、苦しくてもあきらめずに努力を継続してきた子どもは、「やり抜く力」という「宝物」を手に入れることができます。この力が身につくと、中学に入学後も、さらに高いゴールに向かって自主的なやる気で勉強に励むようになります。もちろん、部活や人間関係にも努力を惜しまず、100%全力で向き合うことができます。さらに、大学進学、就職、キャリア形成においても目標意識を持ってチャレンジを継続できるようになるのです。

優秀な子が育つ家庭で「習い事」を大切にする理由は、子ども時代に勉強と習い事を両立するという困難を乗り越えさせることで、**失敗や挫折に屈しない強靭な「メンタルタフネス」、そして、何事にも向上心を持って「やり抜く力」を育むことができるから**です。

子どもの意思を尊重したいからと、次々に習い事を変える親がいます。**子どもの人間形成にとって重要なのは、たくさんの習い事をかじることではなく、1つのことを「やり抜くこと」**です。これこそが「人間力」の高い、魅力的な人材を育てる秘訣です。

第5章

天才気質を伸ばす力ギは「家庭」にある

ここからは、17ページで確認したわが子の「強い気質タイプ」別にベストマッチのアプローチを考えていきましょう。「天才気質」「研究者気質」「商人気質」「パフォーマー気質」「共感者気質」の5つのうち、5章では「天才気質」にフォーカスします。

「うちの子は天才気質ではない！」という場合もご安心ください！

「5つの気質」は、全ての子どもに備わっています。気質の「強い・弱い」のレベルが子どもによって異なるだけなので、お子さんと相性が良いものがあればぜひ取り入れてみてください。もちろん、「強い気質タイプ」から優先してチャレンジさせる形もおすすめです！

16 天才気質の子は「横並び教育」でつぶれてしまう

天才気質の子どもの多くは、記憶力が高く、特定分野の技能習得が人一倍早いという特徴があります。同時に、高い能力と精神性を持つために(同年代の子どもで構成される)集団社会にスムーズに溶け込めなかったり、特定の刺激に対して繊細すぎるというメンタル面のもろさを抱えています。割合としては少数派である天才気質の子どもを社会で孤立させることなく、学力と習い事を高いレベルに引き上げていくポイントは次の2つです。

① 知的好奇心を満たすハイレベルな教育環境を与える

② 家庭教育で技能を突き抜けさせる

年齢ではなく「能力」に合わせた教育環境が必要

アメリカの学校教育には、天才気質の子どもたちを発掘し、その能力を高いレベルに引き上げることを目的とした「ギフテッド・アンド・タレンティド」というプログラムがあります。

ギフテッドと聞くと、知能指数（ＩＱ）が高い子どもへの「エリート教育」を想像するかもしれませんが、対象はＩＱの高い子どもだけではありません。算数、理科、言語、音楽、アート、リーダーシップなど「特定分野で高い能力を示す子ども」を発掘し、それぞれの子どもの能力に合った教育環境を与えることを目的としています。

州や学区によって細かい違いはありますが、一般にギフテッド判定は、ＩＱテストの高得点者（１３０前後以上）、学業成績優秀者、先生からの推薦を受けた子どものグループの中から、専門家がさらなる選抜を行い判定します。

ギフテッド判定を受けた子どもは、学校のギフテッドクラスで授業を受けたり、飛び級して上の学年で授業を受けたり、オンラインでハイレベルのクラスを受講することができます。ちなみに２０１８年にギフテッド判定を受けた子どもは、全米の公立学校に通う児童・生徒の「６・６％」でした（米国教育省の公表データより）。

天才気質の子どもを伸ばすには、特定分野において高いレベルの教育を受けられる環境、同じような能力を示す仲間がいる環境に入れてあげることが大切です。天才気質の子どもの知的ニーズは「横並び的な学習環境」では満たされないのです。

残念ながら、日本の公教育にはギフテッド支援プログラムはまだ存在しません。ですから、子どもに特別な能力が見られる場合、「家庭」で知的好奇心を満たしてあげる環境作りを実践することが重要です。

また、年齢を超えたハイレベルな教育を提供してくれる学習塾（家庭教師）や年齢が上の子ども（場合によっては大人）と一緒に活動ができる習い事（囲碁、将棋、楽器、アートなど）に参加させることも検討してください。

先天的なギフテッドは3・3万人に1人だけ

全米の児童・生徒の「6・6％」がギフテッドという数字に「そんなにたくさんいるの？」と感じた方も多いかと思います。どのクラス（30人学級であれば）にも1人か2人はギフテッドがいる計算になりますね。実は、**ギフテッドには「生粋の天才」と「後天的な天才」の2通りがある**のです。

私はアメリカの最難関大学に飛び級で合格してしまうような、世界トップ1％以上の学力を持つ「生粋の天才」と、環境や教育によってギフテッドレベルの能力を獲得した「後天的な天才」の両方を間近で見てきました。両者には明らかな「差」があります。

生まれつき圧倒的に秀でている「生粋の天才（IQ160以上）」は、写真記憶や絶対音感などの「ずば抜けた能力」を持っています。一度本を読んだだけで内容を全て記憶できる、一度聞いたメロディをすぐにピアノで再現できるなど、記憶力、理解力、再現力が並外れて高く、何をやらせても技能習得が尋常ではないほど早いのです。

「生粋の天才」は、ギフテッド判定を受けた子どもの中でもほんのひと握りです。米国教育省のデータによると、人口の「0・003％程度（3・3万人に1人）」と推察されています。

「生粋の天才」は、その知的成熟度の高さ故に、自己のニーズや欲求が満たされなかったり、特定の刺激を受けた時に激しく反応する「過興奮性」を示すことがあります。過興奮性は年齢が低いほど表れやすく、大声を上げたり、かんしゃくを起こしたり、感情をコントロールできずに周囲と衝突したりなど、ネガティブな特性と見られることが少なくありません。

またその独創性や精神性の高さから、言動が集団社会で理解や支持を得られないことも多く、「当たり前のことも理解できない人」だと過小評価されてしまうこともあります（アインシュタインが子どもの頃、周囲からバカにされていた話は有名ですね）。

ギフテッドを定義したことで知られる米国教育省の「マーランド・レポート」（1972年）は、「ギフテッドは、才能の芽を摘まれ、心理的な傷を受け、才能を永続的に活かせなくなる可能性を抱えている状態にある」と危惧しており、ギフテッドに対する認知と理解を早期に社会に浸透させるよう訴えています。

「生粋の天才」は、数少ないですが、卓越した能力を持っており、その技能を高いレベルに引き上げることができれば、本人の知的好奇心が満たされることはもちろん、社会にとって有益な人的資産となりえる可能性を秘めているのです。

早期英才教育を受けた子は「後天的な天才」になりやすい

一方の「後天的な天才」は、生まれつき平均以上の知能（IQ115〜130前後）の持ち主が、適切な早期教育を受けることで、さらにその特性を伸ばし、高い能力を身につけたケースです。

日本人、韓国人、中国人などのアジア人に多く、算数、読み書き、ピアノ、バイオリンなどの「早期英才教育」を受けているケースがほとんどです。アメリカでギフテッド判定を受けた子どもの人種構成を見ると、アジア人が他の人種の2倍近い割合で、最も大きな数字になっています。

なぜ、アジア人に「後天的な天才」が多いのでしょうか。私は、その理由は「三つ子の魂百まで」に代表される「乳幼児期の育て方が人生の基盤を作る」という教育通念にあると考えています。

白人、黒人、ヒスパニックにはこのような概念は一般的でなく、むしろ「本人のやる気次第で何歳になっても能力は伸ばせる」、英語でいえば「Never too late（いつでも遅くない）」という考え方が多いように感じます。

乳幼児期に子どもの特性（気質や興味）に合った教育を与えることで、子どもの能力を高いレベルに引き上げることができる。これは紛れもない事実です。長らく幼児教育に携わってきた経験から、断言できます。

ポイントは「子どもの特性に合った教育」です。子どもの興味や関心を見抜き、その分野を伸ばす教育を与えることで、ずば抜けた能力を発揮するようになります。一方で、子ども不在の「詰め込み教育」を与えると逆効果になることがあるので、注意が必要です。

ピアノやバイオリンなどの楽器演奏や絵画や造形などのアート分野で、5～6歳の子どもが大人顔負けの技能を示している映像を見たことがある人は多いと思います。これらは乳幼児期の「特性に合った教育」によって才能を開花させた事例です。

「後天的な天才」は、適切な教育を継続していかないと能力が伸び止まることがあります。幼児期に天才的な能力を示していた子どもが小学校に上がり、学年が上がるにつれどんどん普通の能力の持ち主になっていくケースがあります。これは、幼児教育で高い能力を身につけたから「後は放っておいても大丈夫だろう」という親の油断によって起こります。

「生粋の天才」は高いレベルの教育環境を与えておけば、自分の力で勝手に伸び続けていきますが、**「後天的な天才」を伸ばすには周囲の継続的なサポートが必要**なのです。

技能アップのカギは「家庭教育」にある

「生粋の天才」「後天的な天才」、どちらの子どもも小学校に上がり、均一的な「横並び教育」を受け始めると、「授業が簡単すぎてつまらない」「教科書通りの回答を求められるのが面白くない」「周りの子どもの学習ペースに合わせるのが疲れる」という壁にぶつかります。

公教育のカリキュラムは、「平均的な生徒」向けに組み立てられており、天才気質の子どもにとっては退屈なことが多いのです。退屈なだけでなく、発言や回答が独創的すぎて先生から誤解されたり、クラスメイトからバカにされたりすることもあります。

すると、授業中に（わかっているのに）わからないふりをしたり、クラスメイトに合わせて（やりたくない）行動をするなど、本当の自分を隠して生活することが増えてきます。これを繰り返すうちに、学校でストレスやイライラをため込んだり、自信を喪失してきますから、子どもの成長にとって何らメリットがありません。

天才気質の子どもが（小学校に入学した後も）自信喪失に陥らず、能力を伸ばしていくためには、**「家庭」で技能をさらに高いレベルに引き上げ、子どもがずば抜けた能力を持っていることを周知させるのが手っ取り早い方法**です。

バイオリンの才能がある子でしたら、レベルの高い指導者の下で、高いレベルの技能習得を目指し、レベルの高い大会に参加させて、実績を上げていけばいいのです。地区優勝、県優勝、全国優勝、国際大会出場というように、子どもの技能レベルが高まり、実績を目に見える形で証明していくと、学校の先生も、周囲の子どもたちも、子どものずば抜けた能力を認めてくれるようになります。

知能面も同様です。算数がずば抜けている子であれば、算数の能力をさらに伸ばしてあげればいいのです。「算数検定」や「算数オリンピック」などにチャレンジして、誰にでもわかりやすい結果を示すと、周囲の人たちが、子どもの特性をより理解してくれるようになります。

天才気質の子どもは、高いレベルの課題に挑戦させればさせるほど能力を発揮します。小学生でも高校や大学レベルの問題をスラスラ解いたり、大人レベルの知識を獲得することもできます。子どもの持つ高い能力を周囲に（わかりやすい形で）示すことができれば、子どもが学校で嫌な思いをすることは減っていきます。

17 天才気質の子どもの「学力」の伸ばし方

天才気質の子どもは、卓越した「記憶力」と「創造力（想像力）」を持つという特徴があります。一度本を読んだだけで全て覚えたり、教わったことのない複雑な算数の計算を自己流の方法で解いたりします。このようなずば抜けた特性を「学力」の発達に活かさない手はありません。

しかし、**天才気質の子どもの発達を「学校任せ」にすると能力が伸び止まってしまうケースが多い**ので要注意です。「横並び意識」が強い日本の学校で、一人ひとりの子どもの特性に合った教育指導を期待するのは現実的ではありません。

さらに、日本の公教育には、飛び級を認めたり、特定教科だけレベルの高い授業を受けるという「ギフテッド支援プログラム」が存在しません。だからこそ、子どもの学力を「家庭で」伸ばす働きかけを「親が」実践することが不可欠なのです。

極端な表現ですが、「学校は遊ぶ場で、家庭が学ぶ場」という意識を親が持つことが大切です。天才気質の子どものやる気をつぶすことなく、学力を高いレベルに引き上げるポイントは次の2つです。

① ずば抜けた記憶力を学力アップに活かす
② 関心ある学問分野で突き抜けさせる

「大人向けの多様な本」で思考力が伸びる

天才気質の子どもは「言語能力が高い」という特徴があります。3歳で文字読みを覚えた。教えていないのに本が読めるようになった。図鑑や自然科学系の本に没頭する。そんな子どもが珍しくありません。

子どもが高い言語能力を示す場合、家庭の本棚を充実させると、子どもが自分で本を読み、学問知識を吸収してくれるようになります。本といっても、子ども用の簡単な絵本ではありません。大人が読むような小説、百科事典、自然科学や社会科学の本、コンピューターや医学などの専門書、哲学や思想の本、歴史や偉人伝など、多様な学問分野の本を用意してあげましょう。

子どもは読書を通して世界の不思議と多様性にふれることで、「関心あること」への好奇心を膨らませていくことができます。

本の効果は「知識」だけではありません。本を通して世界中の異なる考えや思想にふれることができます。**日常にある疑問や矛盾に気づきやすく、「批判的思考力」が高度に発達する**のです。

批判的思考は、常識や通説にとらわれず、新たな価値を創造していく上で欠かせない力です。卓越した科学者、研究者、ビジネス成功者の多くは、「批判的思考」によって時代を切り開いてきた人たちなのです。

天才気質の子どもの「学力」を伸ばす一番の方法は、**多様な本（知識）にふれられる家庭環境作り**です。身近に好奇心を刺激するような本をそろえてあげれば、子どもは自分で知識を吸収し、思考力を伸ばすことができます。親が先生になって教える必要はありませんので、ぜひ実行してください。

子どもが何に関心があるのかわからないという場合は、子どもと一緒に図書館に行って、自由に本を選ばせてみるのもよいでしょう。子どもが興味ある分野がわかったら、「まだ子どもだから無理だろう」と思わずに、レベルの高い本、大人や専門家レベルの高度な本を与えてみてください。

高い言語力と記憶力は「英語教育」に最適

天才気質の子どもの優れた記憶力を「英語教育」に活用することもおすすめです。言語吸収力が高い子ども時代に、「生きた英語にふれる環境」を作ってあげることで、子どもは自学自習で高度な英語力を身につけることができます。

『僕が14歳でカナダ名門5大学に合格できたわけ』（Gakken）の著者である大川翔さんは、5歳でカナダに移住し、9歳でカナダ政府からギフテッド認定され、12歳で高校に飛び級し、14歳でブリティッシュ・コロンビア大学に入学した天才です。彼の母親は、「独自の方法」で高度な英語力を、短期間で育成することに成功しています。

その方法が「近所のお姉さんに英語の本を読んでもらうこと」です。

大川さんの母親はカナダに移住後、近所の小学校高学年の子ども（お姉さん）を何人か雇い、英語の本の読み聞かせをしてもらったのです。5歳（カナダでは幼稚園生）の翔君は、お姉さんたちの隣に座って、絵本をひたすら読んでもらう。ただこれだけです。

図書館から、貸し出し上限である60冊を借りてきては、お姉さんに読み聞かせをしてもらうことで、1年もたたずに、自分で英語の本が読めるようになり、英語を理解できるようになったのです。シンプルですが、「英語の本の読み聞かせ」は極めて有効な学習法です。

さらに、小学1年生になってからは、ただ本を読んでもらうだけでなく、お姉さんの後について声に出して読んだり、1文ずつ交代で読んだり、自分でも声に出して読むことで英語力を高度に発達させていきました。

英語教育といえば、子どもを「英会話スクール」に通わせてネイティブとコミュニケーションさせることが効果的と考えがちです。しかし、高度な英語力を「短期間で」身につけるには大川さんの母親が実践した**「英語の本の多読」が一番の方法**です。

天才気質の子どもは「記憶力」が高いですから、海外留学せずとも、英語の本の朗読に合わせて文字を追わせるだけで、英語が読めるようになります。今はYouTubeを活用すれば「近所のお姉さん」に頼まなくてもネイティブによる朗読動画をいくらでも見つけることができます。

私が代表を務めるTLC for Kidsでも英語の読書サポートを行っていますので、興味ある方はホームページをチェックしてください（www.tlcphonics.com）。

関心ある学問分野で突き抜けさせる

天才気質の子どもは環境から知識や技能を習得します。たとえば、数字が好きで、数字の描かれたパズルやブロックを与えると一人で何時間も集中して遊んでいる。このような「数字への関心の芽」を見つけたら、百玉そろばん、電卓、数字の玩具やパズルなどを子どもの手が届く場所（おもちゃ箱）に置き、とことん数字で遊べるように環境を整えてあげましょう。

また、機械や模型などの「複雑な仕組み」に興味がある子にコンピューターを習わせてみると、勝手に知識を吸収して、自分でプログラミングができるようになったり、コンピューターを組み立てたり、大人顔負けの能力を発揮するケースもあります。

子どもが遊んでいる様子をよく観察して「どの分野に関心があるのか」を見極め、関心ある分野の知識や技能を高いレベルに引き上げる環境を与える。まだ子どもだから無理だろうと思ってはいけません。**子ども扱いせずに、レベルの高い教育環境を与える**と、天才気質の子どもは並外れた集中力で知識や技能を習得します。

天才気質の子どもが興味ある分野で「異能」を発揮するようになると、天才を支援する各種団体から経済的サポートを得るチャンスも広がっていきます。たとえば、「孫正義育英財団」はソフトバンクグループ代表の孫正義氏が設立した非営利団体です。プログラミング、数学、生物学、科学、アートなど、多様な分野で卓越した能力を発揮する若者の才能を「高いレベルに引き上げる拠点」として注目されています。

サラリーマン家庭だから高価なパソコンや専門書を買い与えたり、大学レベルの授業を受けさせるのは無理と、あきらめる必要はありません。外部の経済支援を得ることができれば、子どもの才能をさらに引き上げる環境作りが実現できるのです。

18 天才気質の子どもの「習い事」の選び方

天才気質の子どもは、学校という「横並び意識が強い集団社会」にスムーズに適応できないケースがあるとお伝えしました。

この問題は「習い事」で解決できます。学校で自分の特性にフタをして過ごしていても、習い事で能力を思い切り発揮する場を作ってあげれば、子どもの自信が減退する心配はありません。また、「習い事」で友だち（年齢や性別を超えて同じようなずば抜けた能力を持つ仲間）ができれば社会性の発達についても大きな心配はありません。

習い事の目的は、特定分野における技能を高いレベルに引き上げることです。横並び意識が強い学校とは異なり、**習い事は「個々の能力を突出させること」が実現しやすい環境**なのです。

たとえば将棋教室の場合、年齢や経験にかかわらず、能力があれば、どんどん上のレベルに上がっていくことができます。小学生が百戦錬磨の大人と「ガチ対決」することも珍しくありませんから「天才気質の子どもの知的好奇心が満たされやすい」のです。

天才気質の子どもの「習い事」を選ぶコツは次の2つです。

① 子どもの「素質」を活かせる習い事を選ぶ
② レベルの高い競争に参加させて突き抜けさせる

子どもの「素質」を活かせる習い事を選ぶ

中国系アメリカ人のウィリアム君は「生粋の天才」です。ハワイの一貫教育進学校に通っていましたが、高校1年生の終わりまでに、学校が提供する最高難度の授業（大学レベルのクラスを含む）を全て履修してしまいました。

学校で受ける授業がなくなってしまったウィリアム君は高校をやめて大学に進学することを思い立ち、高校2年生の時にスタンフォード大学とＭＩＴ（マサチューセッツ工科大学）を受験。見事、両校とも合格を勝ち取りました。

実は、ウィリアム君はハワイ州のトップチェスプレーヤーでもありました。チェスが趣味の父親とチェスをするうちにどんどん強くなり、ハワイ州のジュニアチャンピオンに駆け上がりました。チェスを通して鍛えられた「思考力」は、問題解決能力や集中力も向上させ、学業にもプラスの影響を与えてくれました。

さらにウィリアム君は学校のオーケストラ部（管弦楽）に所属し、バイオリン奏者として活躍していました。個人的にはピアノも練習しており、ピアノコンクール（賞金が出る大会）に出場しては優勝を勝ち取り、小遣い稼ぎをしていました。

ウィリアム君の多様な分野での達成を支えていたのは「卓越した記憶力」です。「一度見聞きしたことは忘れない」というずば抜けた記憶力をチェスや楽器演奏などの習い事に活かすことで、高いレベルに「短期間で」到達できたのです。

このように、**天才気質の子どもの習い事は「素質」に合った習い事を見つけることがポイント**です。素質というのは子どもに生来備わっている特性のことです。「記憶力」「創造力」「柔軟な思考」など、子どもの素質を活かせる環境さえ与えれば、子どもは自分で技能を伸ばせるのです。

ちなみにウィリアム君はスタンフォード大学でコンピューターサイエンスの学位を取得後、ハーバード大学の医学部に進学。将来は、コンピューターテクノロジーと医療を融合させたプログラムを開発するという壮大な夢を持っています。

天才気質の子が伸びる！「最強の習い事リスト」

「ずば抜けた記憶力」は天才気質の子どもに共通する素質です。これを活かせる習い事に参加させる

【才能別】天才気質にピッタリの習い事リスト

天才× STEM的才能	天才× 言語・博物学的才能	天才× 音楽的才能	天才× アート的才能	天才× 運動的才能
そろばん 暗算 プログラミング ボードゲーム ［将棋 囲碁 チェスなど］ 科学オリンピック 算数オリンピック	英語 洋書多読 書道 習字 作文 小説 俳句 詩吟 吟詠 落語 講談	ピアノ 弦楽器 ［バイオリン チェロ ギターなど］ 管楽器 ［フルート トランペット など］	バレエ ダンス 絵画 造形 マンガ デザイン イラスト 華道 生け花 クッキング	陸上競技 水泳 空手（型） 弓道 アーチェリー 射撃競技 ゴルフ ボーリング ボート競技 ボルダリング テニス 卓球

と、子どもが短期間で高いレベルに到達しやすくなります。ここで、第2章のおさらいを兼ねて「天才気質にピッタリの習い事リスト」をご紹介しましょう。

スポーツ以外、どれも「記憶力」を活かせる分野です。中でもおすすめは、ボードゲーム（囲碁、将棋、チェスなど）です。ボードゲームの世界では「年齢」は関係ありません。またゲームはインターネットなどを利用すれば、家庭にいながら世界中の人と対戦ができますから、子どもが自分で技能を伸ばしやすいのです。

子どもが「大人と真剣勝負をできる」分野は、数ある習い事の中でも少ないものです。大人や、実力が上の人との対決は子どもの「思考力」を鍛えてくれると同時に「自信」を大きくしてくれます。

さらに、チェスや将棋などのボードゲームに取り組むことで「知的好奇心」も刺激されます。たとえば、チェスは最初の4手の動きだけで「3000億通り以上」の可能性があるといわれています。この多様性が子どもの知的探究心に火をつけるのです。

無限と思える可能性の中から最高の一手を見つける。**天才気質の子どもの能力を伸ばすツールとしてボードゲームは極めて有効**です。

もちろん、子どもによっては「科学」「エンジニア」「コンピューター」「言語」「音楽」「アート」などの特定分野への関心が強いケースもあります。そのような場合は、ボードゲームにこだわらず子どもの関心に合った習い事を親が探してあげることが大切です。

天才気質の子どもにベストマッチの習い事を見つけるには、入念なリサーチが必要です。子どもの特別な能力を理解してくれる指導者がいて、さらに、周囲の子どもや親が協力的でないと、子どもの才能の芽がつぶされてしまうことがあります。

天才気質の子どもにとって習い事は「特性を思い切り発揮できる場」であることが重要です。周りに気を使って自分の力を下げて見せたり、周囲から足を引っ張られて嫌な思いをするようでは習い事に参加させる意義が薄れてしまいます。まずは親が習い事を見学して、指導者や周囲の子どもたちの雰囲気を見極めてください。

「飛び級」で突き抜ける

子どもにベストマッチの習い事を見つけたら「ハイレベルな競争」に参加させて技能を一気に突き

抜けさせましょう。これが実現できるのは天才気質の子どもだけです。第3章（82ページ）で紹介したように、一般に習い事を成功させるには「手が届く範囲の競争」に参加させて、少しずつステップアップしていくプロセスが必要です。しかし、天才気質の子どもは「飛び級」できるのです。

たとえば、ピアノに取り組んでいる子であれば、バイエル→ブルグミュラーという通常のステップを飛び越して、難易度の高い曲に挑戦させると、すぐに弾けるようになることが多くあります。また

ピアノの曲を聞いただけで再現できてしまうが、楽譜は読めないというケースも珍しくありません。

このように天才気質の子は、一般的に普及している学習方法にとらわれず、「自分で学習方法を発明する」能力に長けています。効果的といわれている教授法や指導の順番は気にせず、どんどん高いレベルに挑戦させてあげましょう。

同様に、コンピューターが好きな子であれば、大人向けの専門的なプログラミングクラスに参加させると自分でゲームやソフトウェアを作ってしまいます。アートが好きな子どもであれば、大人（上級者）向けのアートクラスに参加させると、技能を一気に伸ばすことができます。

注意すべき分野は、「スポーツ」です。天才気質の子どもで「体を動かすことが好き」という場合、スポーツの習い事も検討します。しかし、**スポーツだけは「手が届く競争」に参加させて、技能を少しずつ伸ばす**ようにしてください。スポーツの世界には（記憶力だけでは勝てない）身体能力が卓越した子どもが存在しますから、高いレベルの競争参加は「やる気を失わせる」可能性があります。

スポーツは「個人種目」がおすすめ

天才気質の子どものスポーツ選びのおすすめは「個人種目」です。陸上競技、弓道、空手、アーチェリー、射撃競技、ゴルフ、テニス、卓球、ボルダリングなど、子どもが自分のペースで練習に取り組める種目、練習相手が不要の種目ほど伸びやすいです。

天才気質の子どもの習い事は、年齢の低いうちに（できれば小学校時代に）圧倒的なレベルを達成することが理想です。これを実現すると、学校で嫌な思いをすることは少なくなり、卓越した能力を周囲から認めてもらえる場面が増えていきます。

19 天才気質の子どもの「学校」「職業」の選び方

天才気質の子どもの学校選びは「卓越した能力を伸ばしてくれる環境」であることが理想です。しかし現実には、学校という集団生活を行う場で、一人ひとりの子どもの特性に合った教育を期待することは難しいですね。ある程度は、標準的な（横並び）教育を受け入れるという姿勢も大切です。

最近は、日本においても「教育の多様化」が進んでおり、能力に凸凹がある子やマイノリティの子どもに合った教育環境を提供する学校も増えてきました。天才気質の子どもの能力を高いレベルに引き上げるには、子どもの「自信」と「やる気」をつぶさない環境が重要なカギとなります。年齢別の学校選び・職業選択のポイントは次の４点です。

① 保育園・幼稚園は「自由保育的環境」が好ましい

② 小学校は「小規模な環境」が好ましい

③ 中学・高校は「特性を伸ばせる環境」が好ましい

④ 「好き・得意」を仕事にするとずば抜ける

保育園・幼稚園は「モンテッソーリ教育」がおすすめ

「モンテッソーリ教育」をご存じでしょうか？ 20世紀初頭にイタリア人医師であるマリア・モンテッソーリによって考案された教育法です。子どもの自主性（やる気）を尊重し、教師はサポートに徹するというのが基本的な教育方針です。

子どもの好奇心を刺激する環境（数的、言語的、音楽的、芸術的、文化的な環境）を園内に整えることで、子どもが自発的な「やる気」で学習に向かい合う力を育てます。子どもは自分が好きな分野の教具や玩具で、好きなだけ遊ぶことができます。

各学習分野の時間割が決まっていて、同じクラスルームで、園児全員が一斉に同じ内容を学ぶ「一斉教育」とは一線を画する教育スタイルであり、特定分野で突出した能力を発揮する天才気質の子どもにとっては居心地が良い環境であるといえます。

また、モンテッソーリを実践する保育園や幼稚園は、年齢を交ぜた「縦割りクラス編成」を実施しており、精神的成熟度が高い天才気質の子どもにとって知的好奇心が満たされやすい環境（年上の友だちと交友できる）でもあります。

欧米ではモンテッソーリスクールは幼稚園から小学校までの一貫教育を行う学校が多いですが、日本では「保育園・幼稚園」がほとんどで、小学校で実践している学校はわずかです。モンテッソーリ教育が受けられる保育園・幼稚園は全国にありますので、興味のある方はインターネットで検索してみてください。

モンテッソーリと似たコンセプトに「自由保育」があります。自由保育も子どもの自主性を伸ばすことが目的ですが、「何から何まで完全に自由」という環境もあるようなので注意が必要です。**天才気質の子どもは、しつけや社会性面の育成については一定のルールが存在する環境が最も安心でき、適応しやすい**からです。

天才気質の子どもにとって理想の保育園・幼稚園は、興味あることについて追求できる環境があることです。もし通園可能な範囲に理想の保育園・幼稚園がないという場合は、家庭や習い事で自信とやる気を伸ばす環境作りを実践してください。

小学校は「小規模」がおすすめ！インター校、国際バカロレアも候補に

小学校は子どもが6年間という長い期間を過ごす場であり、学力発達、対人関係、人間形成に大きな影響を与えます。ただ日本では、選択肢が少なく、天才気質の子どもにベストマッチの学校を見つけることはかなり難しいのが現状です。

一般に小学校選択は、居住する地域にある公立小学校、あるいは、通学可能な範囲にある私立小学校に通うというパターンに限定されます。都市部であれば、国立大学付属小学校やインターナショナルスクール（日本の公教育としては認められていない）などの選択肢も存在します。

もし小学校を選択できるのであれば、**できるだけ「小規模な環境」を優先すると、天才気質の子どもにとって居心地が良い環境になりやすい**でしょう。クラスの人数が少なく、先生の目が一人ひとりに行き届く環境ほど、子どもの「自信」と「やる気」をサポートしやすく、子どもの能力を伸ばしやすいからです。

もう1つ、小学校選びのオプションとして検討したいのが、国際バカロレア（ＩＢ）です。国際バカロレアというのは、国家の壁を越えた国際的な教育プログラムのことで、世界を移動する家庭の子どもが、（国家ごとのカリキュラムに翻弄されることなく）スムーズに学力を伸ばせるように、共通する教育課程を作ろうという動きから生まれました。ＩＢディプロマ（IBDP）を取得すると、世界各国の大学の受験資格や入学資格を得ることができます。

国際バカロレアは年齢に応じて3つの教育プログラムがあります。

・3～12歳を対象とした「ＰＹＰ（プライマリー・イヤーズ・プログラム）」
・11～16歳を対象とした「ＭＹＰ（ミドル・イヤーズ・プログラム）」
・16～19歳を対象とした「ＤＰ（ディプロマ・プログラム）」

ＰＹＰでは、国際人において不可欠とされる共通性である「アイデンティティの確立」をテーマに、教科、言語、芸術、体育を「少人数制クラス」で学びます。基本的に教科ごとの授業を行うことがなく、教科の枠を超えた縦横的な指導（より実生活に即した学び）を受けることができます。

また、ＰＹＰでは、活発な議論を通して気づきと理解を深めていく「アクティブラーニング」が主流です。日本の従来型のクラス指導（先生の講義を児童は静かに聞くという受動的な学習スタイル）は天才気質の子どもにとって退屈なことが多いのですが、アクティブラーニングであれば、思考力や創造力を大いに発揮できます。

日本でも国際バカロレアを取り入れる小学校が増えています。子どもの個性を伸ばす教育を受けさせたい、将来、世界の舞台で活躍してもらいたいという方は、検討する価値があると思います。

中学・高校は「特性を伸ばせる環境」を最優先に！おすすめ校の一例も紹介

小学校時代に適切な教育環境を整えることができれば、天才気質の子どもの「特性」は小学校高学年から中学にかけて明確になっていきます。将棋が天才的に強い。数学で著しい能力がある。絵の技能がずば抜けている。コンピューター技術が卓越しているなど「目に見える成果」として表れます。

中学・高校の選択については、これら目に見える「特性」を伸ばしてくれる環境が好ましいことは言うまでもありません。

最近、都市部を中心に中高一貫校が人気を集めていますが、多くの一貫教育私立校が「特色」を売りにしています。たとえば、東京都世田谷区にある三田国際学園中学校・高等学校は、世界標準の教育の実践を目指し、ＳＴＥＭ教育、多様性教育、ＩＣＴ教育などに力を入れている私立学校です。子どもがコンピューターやロボティクスなどの分野で卓越した能力を有する場合、このような学校が選択肢に入ります。

音楽分野で卓越した能力がある子でしたら、東京都国立市にある国立音楽大学附属中学校・高等学校は、音楽に特化した教育環境を提供しています。

子どもが語学面（特に英語）で秀でている、あるいは、異文化に関心が強いという場合「ボーディングスクール」という選択肢もあります。

ボーディングスクールというのは「生徒と教師が同じキャンパス内で寝食を共にする全寮制の学校」で、欧米では個性的な生徒やエリート育成を行う教育機関として知られています。

日本国内で通えるインターナショナル・ボーディングスクールとして、イギリスの名門ハロウ・スクールの日本校があります。ハロウインターナショナルスクール安比ジャパンは、岩手県八幡平市の大自然の中に広大なキャンパスを構えるイギリス式の全寮制スクールです。11歳から18歳の子どもを対象に、数学、科学、プログラミングなどを「英語で」学ぶことができます。

さらに、エンジニアリング（科学技術）に興味がある子どもは「国立高等専門学校」という選択もあります。高専は、技術者を養成するため、中学校の卒業生を受け入れ、5年間（商船高専は5年半）の一貫教育を行う高等教育機関です。

もちろん上記の他にも、前述の国際バカロレアを取り入れている中学、高校、一貫教育校など、多様な選択肢がありますから、子どもの「特性」に合わせた学校選択をすることが大切です。

中学・高校からは選択肢が豊富にあり、子どもの「特性を伸ばせる環境」が見つけやすくなります。**くれぐれも知名度、評判、偏差値だけで学校を選ばないように注意してください。**親が綿密なリサーチを行い、多くの選択肢の中から子どもにベストマッチの環境を見つけてあげましょう。

医師、設計士、音楽家、マンガ家…「好き・得意」を仕事にするとずば抜ける

幼児期、児童期、青年期と、子どもの特性を伸ばす環境作りを意識して育てると、特定分野で卓越した能力を発揮するようになります。この延長線上にあるのが職業選択です。

天才気質の子どもに向いている職業は、ずばり！「プロフェッショナル」です。**科学者、研究者、**

医師、弁護士、エンジニア、設計士、会計士、音楽家、アーティスト、イラストレーター、マンガ家などの「専門職」です。

子どもがいかなる分野を選ぶにしても、その分野でトップレベルに到達できるように（家庭教育、学校、習い事を含めて）サポートしてあげてください。天才気質の子どもは周囲から「誤解されること」が多いですが、親はいつも子どもに寄り添い、味方であり続けることが大切です。

自分が関心のあることについて、尽きることのない探究心を持って、挑戦し続ける。これは天才気質の子どもにだけ与えられた特権です。

自分が好きなこと、得意なことを突き詰めてきたことの延長が「職業」となり、その道で経済的に自立できれば、子どもはきっと幸せで、充実した人生を歩めることでしょう。

第6章

研究者気質を伸ばすカギは「探究心」

17ページで確認したわが子の「強い気質タイプ」別にベストマッチのアプローチを考えていきます。「天才気質」「研究者気質」「商人気質」「パフォーマー気質」「共感者気質」の5つのうち、6章では「研究者気質」にフォーカスします。

「5つの気質」は、全ての子どもに備わっています。お子さんと相性が良いものがあればぜひ取り入れてみてください。もちろん、「強い気質タイプ」から優先してチャレンジいただく形もおすすめです!

20 「もっと知りたい！」を刺激しよう

研究者気質の子どもは、自分が好きなことや関心のあることについて、とことん突き詰めたいという「探究心」を持っています。**研究者気質の子どもを伸ばすコツは、「もっと知りたい」という旺盛な知識欲を刺激すること**です。子どもの興味・関心の芽を見つけたら、それが何であろうとも、親が認め、応援してあげることが「探究心」を高いレベルに引き上げるカギとなります。研究者気質の子どもを伸ばすポイントは次の2つです。

① **好きなことをとことん探究させる**

② **情熱を刺激する仕掛けを「親が」作る**

小学生のうちに好きなことをとことん探究させる

研究者気質の子どもは、自分が好きなことについては「時間を忘れて夢中になる」という特徴があります。天才気質と共通する優れた集中力の持ち主なのですが、天才気質の子どもが「記憶力」によってハイレベルな技能を「短期間で」習得できる一方、研究者気質の子どもは「探究心」によって、時間をかけて、少しずつ知識と技能を積み上げていく点が異なります。

親が子どもの興味や関心を見つけて、それを伸ばす環境やヒントを与えると、子どもの技能は飛躍的に伸びていきます。**理想は、小学校時代に「好き」や「やりたい」を徹底的にやらせて「探究心」を大きく育ててあげること**です。小学校時代に得意分野でずば抜けることができると、将来の夢が明確になり、中学・高校・大学とブレることなく自分の目標に向かって邁進していけるからです。

たとえば、タレントでイラストレーターの〝さかなクン〟は、魚類についての博学知識を、誰からも強制されることなく、自学自習で習得しています。この旺盛な知識欲は、「魚についてもっと知りたい」という「探究心」によって支えられています。小学校時代、勉強や運動が苦手で「魚の絵を描くこと」に熱中していたさかなクンを、両親はいつも応援していたそうです。魚に対する情熱をサポートするために魚屋さんや水族館に連れていっては、さかなクンが描いた絵を「飛び出してきそう」「この角度でよく描けるね」とほめる。「絵」と「魚」という「関心の芽」を「親が」見つけて、応援することで、さかなクンの才能が開花したのです。

このように、研究者気質の子どもの「探究心」を引き出すには「好きなことをとことん追求する」プロセスが必要です。多くの場合、学齢期を通して継続的に追求すると才能が開花します。これを実現するには、子どもにとって一番身近な存在である親が子どもの情熱を認めて、「サポートすること」が不可欠なのです。

賢い親は子どもの「好き」を見逃さない

子どもの「特性」を引き出し、伸ばす親は、子どもの「好き」や「やりたい」を見逃しません。たとえ子どもの「好き」が勉強でなくても、否定したりせず、とことんやらせてあげています。

言葉にすると簡単そうですが、実際には、「子どもの好きを応援する」というのは簡単ではありません。特に「好き」がゲーム、マンガ、音楽、ファッションなど、勉強以外の分野である場合、「好きなことをとことん極めなさい！」と言うのは相当な勇気が必要です。子どもの将来を心配するあまり、親はどうしても安全な道（良い学校や安定した就職先）に進ませたいと望んでしまいがちです。

子どもの「好き」が勉強以外の場合、**「好き」をやらせてあげる条件として「学校の宿題や課題などのやるべきことはやる」という家庭のルールを決めると効果的**です。もちろんルールを決める時は、必ず子どもと一緒に家族会議を行います。そして「宿題や課題が終わったら、好きなことをいくらでもやってよい」というルールを子どもに納得させるのです。

子どもが「わかった」と言ったら、ルールを紙に書き出して、子どもの目に入る場所に貼ります。

すると「好きなことを思い切りやりたい」から、宿題を自分で終わらせるようになります。子どもによっては、学校で宿題を済ませてきてしまうようになります。「やりたいこと」があると「やるべきこと」は自分でさっさと終わらせる。そのような「良い習慣」が身につきやすいのです。

親が子どもの「好き」を見つけて、思い切りやらせてあげると、子どもは「人からやらされている感」を持たずに、自分がやるべきことに「自主的なやる気」で取り組むようになっていくのです。その先には「自分の特性を活かしたキャリア形成↓自分らしい人生の実現」が待っています。

親は「情熱を刺激する仕掛け」だけ作ればいい

「好きなことをとことん追求させる」といっても、知識や技能の習得を「100％子ども任せ」にしていると、探究心が枯れてしまうことがあります。**いくら好きでも、人生経験の少ない子どもが自分の力で追求できる範囲には限界があります。**親は必要な時には水を与え、栄養を与えることを忘れないでください。

スペースシャトル・ディスカバリーに搭乗した宇宙飛行士の山崎直子さんは、兄が見ていた『宇宙戦艦ヤマト』や『銀河鉄道999』などのアニメの影響で「宇宙」に興味を持つようになりました。小学校低学年の時に天体観測イベントに参加した際の「感動」がきっかけで宇宙への関心が高まり、

「宇宙に行ってみたい」という夢を抱くようになりました。

父親は自衛官で母親は専業主婦という普通の家庭に育った山崎さんは、両親から「勉強しなさい」と言われたことはなかったそうです。それでも「夢」の実現のために自ら勉強に励み、東京大学工学部航空学科に進学。さらに、東京大学大学院工学系研究科を修了後、宇宙開発事業団に入ります。国際宇宙ステーションの開発業務に従事しながら宇宙飛行士を目指し、入社してから3年後、2度目の受験で宇宙飛行士に選抜されました。

「宇宙飛行士」という難関で壮大な夢を実現させるために、両親はどんなことをしたのでしょうか？気になりますね。山崎さんはあるインタビューで次のように答えています。

「両親は勉強についてはノータッチでしたが、私が興味を示すものについては、新聞の切り抜きや書籍、博物館の展示会など可能な限りの情報を与えてくれました。成果を求めるのではなく、好奇心を満たす材料を与え続ける。宇宙に行きたいという夢を持ち続けられたのは、両親の子育て方法のおかげです」

研究者気質の子どもの探究心を維持するには、親が要所要所で声をかけて、好奇心を刺激する材料（山崎さんの場合、新聞の切り抜き、書籍、テレビ番組、科学館、天体観測、プラネタリウムなど）を与えることがポイントです。

子どもの「好き」を親が応援して、情熱を刺激する仕掛け作りを行うと、親子の信頼関係が強固になり、子どもは親のアドバイスに耳を傾けるようになります。良好な親子関係を維持できると、子どもは安心して自分の好きなことに（学齢期をかけて）打ち込めるという好循環が生まれていくのです。

好きなことは「学力アップ」への特効薬

魚、イラスト、昆虫、飛行機、宇宙、スポーツ、音楽など、自分の好きなことに本気で取り組んできた子どもは「自分はこれなら人に負けない」という「自信」を得ることができます。魚のことなら誰よりも詳しい。飛行機のことなら自分が一番。自分は昆虫博士だ。そんな「自尊感情」を小学生の頃に持つことができると、自己形成がスムーズに進みやすくなります。**何か1つ「得意分野」を持たせる。これを常に意識しながら子育てに当たることが子どもの「特性」を伸ばすカギ**なのです。

都市部を中心に、中学受験がブームです。「受験に心血を注いでも自己形成ができるのでは？」と思うかもしれませんが、志望校に合格することで「目標」を失う子どもが増えています。また、合格後にさらに激化する競争に心が折れ、伸び悩むケースも少なくありません。これは、難関校の教師たちも頭を悩ませている問題です。

勉強面でトップレベル、たとえば東大合格を目指すのであれば、小学校、中学、高校と周囲のレベルが上がっていく中で「常にトップレベル」にいなければなりません。さらに、勉強分野には一定数の天才が存在しますから、「常にトップレベル」になることは並大抵の努力では実現できないのです。

さらに、人生に向かい合う姿勢、価値観、将来の夢など、人間形成にとって重要な時期を「受験勉強だけ」で過ごしてしまうと、青年期（ティーンエイジャー）になった時に「自分は何がしたいのか？」「自分は何ができるのか？」という自己形成がスムーズに実現できず、周囲に流されやすい、みんなに合わせて「なんとなく生きる人」になってしまう危険性があります。

「得意分野」を持つことの大切さは大人になれば誰もが痛感しますが、子ども時代には気づくことができません。だから人生の先輩である親が子どもの「好き」をとことんやらせて「得意」を育てる手伝いをしてあげなければならないのです。

「人生の目標は大人になってから見つければいい！」「子ども時代に夢や目標はなかったけれど、今は立派に生きているぞ！」という人もいるでしょう。しかし、**大人になってから得意を持つには、人一倍の努力を、長期間にわたって積み重ねていかなければなりません**。また、いかなる分野を目指そうとも、さかなクンや山崎直子さんのように、子ども時代から「好き」を一心に探究してきた達人たちという「高い壁」が存在するのです。

中学・高校受験を理由に習い事や趣味をやめさせて勉強に集中させることを選択する家庭が多いですが、受験勉強と習い事は両立できます。私の経験からいえば、**好きなことを続けている子どもの方が受験勉強でも成功する確率が高く、さらに、合格後も伸び続けます。**

好きを追求するプロセスで知識や経験や自信を積み上げていくと、多くの人が体験したことのない高いステージに到達できます。自分の好きなことをやり抜くことでしか到達できない境地があるのです。研究者気質の子どもを伸ばすポイントは「探究心」です。子どもの「好き」をとことん応援できる親を目指しましょう。

21 研究者気質の子どもの「学力」の伸ばし方

「探究心」をうまく刺激するだけで、研究者気質の子どもの学力はみるみる伸びていきます。問題は「どうやって探究心のベクトルを勉強分野に向かせるか」です。研究者気質の子どもの関心を勉強分野に引き寄せるためのポイントは、次の2つです。

① STEAM教育で好奇心を刺激する
② 「同じ関心を持つ仲間」がいる環境を作る

STEAM教育で好奇心を刺激する

STEAM教育とは、Science（科学）、Technology（技術）、Engineering（工学）、Art（芸術）、Mathematics（数学）の略で、これからの社会で「最も成長が著しい分野」と考えられています。これまでは学校の主要教科といえば、国語、算数、理科、社会でしたが、これからはSTEAM教育が学校教育の主流になるかもしれません。

ＳＴＥＡＭ教育は、研究者気質の子どもの興味を引きつけやすい分野です。従来の学校カリキュラムは、算数は算数だけ、理科は理科だけを学ぶ「縦割り学習」であり、学習内容も知識の記憶中心で面白みに欠ける面がありました。しかし、ＳＴＥＡＭ教育では、国語、算数、理科、社会、アート、コンピューターの知識と技能を総動員して、ロボット制作やプログラミングを行います。**教科の枠を超えて、創造力や問題解決力などの「思考」を働かせる点が、「探究心」が強い研究者気質の子どもと相性抜群**です。

最新のテクノロジーに敏感な研究者気質の子どもにとって、ＳＴＥＡＭ教育は〝面白そうな学問〟です。ＳＴＥＡＭ教育で、探究心をうまく引き出すことができれば、学力アップはもちろん、将来のキャリア形成にもつながることが期待できます。

ＳＴＥＡＭ教育と聞くと「理数系の難しい学問」という印象を持つかもしれませんが、実際はそうではありません。「うちの子は文系だから」と決めつけずに、ＳＴＥＡＭ教育を子どもに紹介してみましょう。

アメリカではＳＴＥＡＭ教育は小学校からスタートします。多くの小学校では「複数人のグループ」でＳＴＥＡＭ技術を競い合わせるアクティビティ（ロボティクスやファースト・レゴリーグなど）を取り入れています。子どもたちはデザイン、設計、制作、プログラミング、ロボット操作など、ロボット制作の工程を仲間と一緒に学習します。

グループでＳＴＥＡＭに取り組む利点は、子どもたち一人ひとりの「強み」を活かせることです。絵が得意な子はデザイン担当、コンピューターが得意な子はプログラミング担当、手先が器用な子は組み立て担当、コミュニケーション力が高い子はチームのマネージメント役というように、子どもたちの特性を活かしながら、共通のゴールに向かって協力し合う経験を積むことができます。

中でもロボティクスやプログラミングのように根気と精度を要する作業は、研究者気質の子どもが得意とする分野です。まだ日本では本格的にＳＴＥＡＭ教育を導入している学校は少ないですから、ロボット教室やプログラミング教室などの「習い事」を通してＳＴＥＡＭ教育への興味を引き出すことを検討しましょう。

小学校低学年から家庭でコンピューターを教えよう

日本でもプログラミング教育が始まり、ＳＴＥＡＭ教育をカリキュラムに導入する動きが進んでいます。しかし残念ながら、**日本のSTEAM教育は世界最低レベル**と言わざるを得ません。

原因の1つは、学校教育においてコンピューターの使用（宿題や課題をコンピューターで行い提出すること）が少ないことです。そのため、家庭で子どもがコンピューターを使う機会を増やし、ＩＴリテラシーを高めていく努力が必要です。

家庭でのコンピューター教育は小学校低学年から（幼稚園でも可能）スタートすべきだと私は考えています。**子ども専用のパソコン（中古で十分）を用意するのがおすすめ**です。タイピングや基本ソフトウェアの使い方を身につけさせることで「コンピューターは難しい！」という抵抗感を取り除くことができます。

またコンピューターを使って音楽を作ったり、動画を編集したり、アニメを作ったり、簡単なソフトウェアやゲームをプログラミングするというクリエイティブな使い方を経験させることで、STEAM教育を身近なものにできます。

性別関係なく「実験」「工場見学」で興味を引き出そう

日本人の理系離れが改善しないという話をよく聞きますが、これを解決するカギもSTEAM教育が握っています。思考が柔軟な小学校時代にコンピュータースキルを身につけ、科学技術の可能性にふれて主体的な問題解決プロセスを経験することで、「テクノロジーは面白い」「自分もモノ作りや研究に関わってみたい」という気持ちを高めることができます。

残念なことに、日本社会には「理系＝男子が得意」というジェンダーバイアスもまだ残っています。ＯＥＣＤ（経済協力開発機構）が２０１９年に行った調査によると、「自然科学・数学・統計学」「工学・製造・建築」などのいわゆる〝理系〟分野における女性の割合は、日本は比較可能な36ケ国でいずれも最下位です（加盟各国の大学など高等教育機関の入学者に占める女性の割合を調査、「自然科学・数学・統計学」の分野で27％、「工学・製造・建築」で16％）。ＯＥＣＤは「男女で著しい差が生じている」と指摘しています。

コンピューターサイエンス、エンジニアリング、デジタルアート、アニメなどに興味を持っている女子はたくさんいます。しかし「理系は男子の得意分野」というバイアスが、教師にも、親にも、子ども自身にも悪影響を及ぼしているのではないでしょうか。このようなバイアスは、今すぐ捨てましょう。

家庭でSTEAM分野への興味を引き出すには「実験」が効果的です。家庭にあるモノでできる簡単な実験がたくさんありますので、休日に家族で楽しんでみてください。インターネットで「科学実験」「理科実験」と検索すれば、家庭でできる実験の例がたくさん見つかります。いくつか家庭でやってみて、子どもの関心を引き出してみるのはいかがでしょうか。

科学実験キット、電子工作キットや、サイエンス玩具の「電子ブロック」、プログラミングで動かせるブロック玩具の「レゴ®ブースト」などもＳＴＥＡＭへの興味を引き出すきっかけになります。

植物や野菜を子どもと一緒に栽培してみるのもよいでしょう。ベランダやプランターで栽培できる野菜を子どもと一緒に作る。そして実際にそれを一緒に調理して食べる。さらに余った根や種を再利用してまた野菜を栽培する。この一連のプロセスを経験することで「サステナビリティ」を体験することができます。

さらに、食品、日用品、乗り物まで、さまざまな製品を作る様子が見られる**工場見学をすると、子どもの好奇心が大きく刺激されます。**身の回りにあるモノがどうやって作られているのかを自分の目で確かめることで、子どもの視野は大きく広がります。

インターネット、ゲーム、ソーシャルメディアとの賢いつき合い方

スマートフォン、インターネット、ゲーム、ソーシャルメディアなどは子どもの役に立つ「学習ツール」です。しかし、有害な面を持ち合わせています。特に、ゲームやソーシャルメディアへの依存は多くの家庭で起こりえる問題です。子どもとテクノロジーのつき合い方について、3つのポイントを押さえておきましょう。

① スクリーンタイムのルールを子どもと一緒に作る

ゲーム、スマホ、インターネット、テレビなどの視聴時間を、「スクリーンタイム」と呼びます。

家庭ではスクリーンタイムの制限を作りましょう。親が一方的に決めずに、必ず子どもと一緒に決めましょう。紙に書き出して、子どもの目に入る場所に貼っておきます。「スクリーンタイムは1日2時間まで！」と決めれば、子どもはゲームの時間やスマホの時間を自分で管理するようになります。

② 子ども部屋にはパソコンやテレビを置かない

パソコン、テレビ、ゲームは家族が共有する場所に置きましょう。子ども専用のノートパソコンを用意する時も、家族がいる場所で使うことをルールとします。さらに、有害サイトや詐欺サイトなどについて、家族で話し合う機会を持ちましょう。親が有害サイトへのアクセス制限をかけるフィルタリングを利用する方法もありますが、子ども自身が「なぜ有害なのか」を理解して、自分の行動に制限をかけられるように導いてください。

③ 子どもを暇にしない

ゲームやメディアに依存する子どもの一番の原因は「暇」なことです。子ども時代こそ多くの活動に参加させて、多様な人とふれ合うこと、体を思い切り動かすこと、自然と接することなどを体験させましょう。家庭で一人で遊ばせておくくらいならば、放課後の学童保育やスポーツ、地域の子ども会などへ参加させて、忙しくさせてください。

「テクノロジーを作り出す側」の思考にふれさせる

私はＳＴＥＡＭ分野への関心の有無にかかわらず、**子どもが「最新のテクノロジーにふれること」は絶対に必要**だと考えます。ただ、テクノロジーを「使うだけの側にさせてはいけない」ということを強調したいのです。

パソコンの基本的な操作（タイピング、メール送受信、検索方法）ができることはもちろんですが、ワードやエクセルなどの基本ソフト、画像編集ソフト、音楽制作ソフト、動画制作ソフトなどの使用方法は知っておくことが理想です。

また人工知能ロボット、３Ｄプリンター、ＶＲ（バーチャルリアリティー）、ドローンなど、最新のテクノロジーにふれる機会を作ってあげましょう。

２０２２年11月末のリリースから急速に普及したＣｈａｔＧＰＴも、子どもの教育に積極的に取り込むべきです。

ＣｈａｔＧＰＴにわからない宿題の説明をしてもらったり、作文や感想文の文法ミスを指摘してもらうなど、賢く活用することで「質の高い自己学習」が実現できるからです。ＣｈａｔＧＰＴの「賢い使い方」について、家庭で子どもと話し合う機会を持つことを強くおすすめします。

最近はＩｏＴやＶＲなどを気軽に体験できる科学館やアトラクションがたくさんできています。子どものSTEAM教育への興味を引き出すためにも、ぜひ子どもと一緒に出かけて、体験させてあげましょう。

これからの社会でより重要となるスキルは、新しいテクノロジーやシステムを創造していく力です。**テクノロジーに使われる側から「テクノロジーを使う側」に回らなければ、変わりゆく社会の中で生き残っていくことはできません。**

今までただゲームをする側であった子どもが、STEAM教育を通してロボットを作る経験をすることによって、作る側の思考を身につけることができます。人が作ったモノを使って楽しむことにとどまらず、自分が人を楽しませるモノや社会に役立つモノを作るにはどうしたらいいのか？　そのようなクリエイティブな視点は、これからの社会で生きていく人材には欠かせません。

22 研究者気質の子どもの「習い事」の選び方

研究者気質の子どもの習い事を成功させるカギは「探究心」にあります。プログラミング、スポーツ、アート、料理など、さまざまな習い事の中から、子どもがハマりそうな分野を紹介してあげると、一気にのめり込みます。もし、すでに子どもがハマっていることがあれば、さらに知識と技能を伸ばす「環境」を作ってあげましょう。「習い事」を選ぶポイントは次の3つです。

① 子どもが興味ある分野の習い事を選ぶ
② 探究心を活かせる個人スポーツに挑戦してみる
③ サイエンスに興味がある子にはアートがおすすめ！

親の希望を押しつけず、子どもが興味ある分野を選ぶ

研究者気質の子どもは、自分の好きなことには高い集中力を持って取り組みます。習い事を選ぶ際

も、子どもが関心を持っている分野であることが大切です。親の希望ではなく、子どもの「関心」の周辺にある習い事を探しましょう。

たとえば、動物、魚、昆虫、植物などにハマっている子どもでしたら、**サイエンス教室、動物園や水族館のふれ合い体験**などで好奇心が刺激されるでしょう。

工作、模型、クラフトなどモノ作りが好きな子どもは、ＳＴＥＡＭ教室で**ロボット作り**やファースト・レゴリーグなどにチャレンジするとコンピューターやエンジニアリングスキルが向上し、探究心に火がつくかもしれません。ちなみにファースト・レゴリーグとは、レゴ社製のロボットキットを使用して、ロボットの設計・組み立て・プログラミング技術を競う大会です。

カードゲームや対戦型のボードゲーム（オセロなど）といった「思考するガチ競争」が好きなら、**囲碁、将棋、チェス**などを紹介してあげると探究心を働かせて短期間で技能が上達するでしょう。絵を描くのが好きなら、**絵画やアート教室**を通して技能の幅を広げてあげましょう。さまざまな画材や材料を使って作品を作る方法を学ぶことで、創造力を膨らませることができます。

歌が好きという子なら、**リトミック教室、合唱、声楽**などに加えて、**ピアノやバイオリン**などの楽器演奏を検討してください。演劇もおすすめです。

料理やお菓子作りが好きという子どもは、**クッキング教室やお菓子作り教室**に参加すると技能に磨きがかかります。また、料理を極めていくプロセスで「サイエンス」への関心が高まるという嬉しいおまけも期待できます。

本が好きという子どもには、**作文教室、書道（習字）教室、英語教室**などがおすすめです。また落語や講談などの「話芸」を紹介すると言語への探究心を一層刺激できるでしょう。

スポーツの裏にある「科学」「技術」に注目させる

研究者気質の子どもが持つ強い探究心を、スポーツに活かさない手はありません。

「うちの子は運動音痴だから」という場合も、何か1つ得意なスポーツを見つけてあげてください。今の時代のスポーツは非常に幅が広いですから、身体能力の高さだけで向き不向きを判断する必要はありません。たとえば、ゴルフ、アーチェリー、弓道、ボーリング、カーリングなど、正確さを競い合うスポーツは研究者気質の子どもにおすすめです。

また、個人でスピード（タイムの速さ）を競い合う競技も向いています。陸上競技、水泳、スピードスケート、自転車競技、ボルダリング、ボート競技などは、身体能力に加えて、スピードをどこまで追求できるかが成功するカギです。

子どもに向いていそうなスポーツを親が紹介することで、子どもはスポーツを科学し、試行錯誤して技能を伸ばしていくようになります。

たとえば、「速く走る」ためには、生まれつきの身体能力に加えて、一人ひとりの骨格や体格や筋力に合った走り方があります。**スポーツの裏側にある「科学」について親が子どもに話してあげる**と、スポーツへの向き合い方が随分と変わってくるはずです。

水泳も同様です。速く泳ぐためにはどんな技術を身につければいいのか、腕の使い方、キックの方法、息継ぎの方法やタイミングなど、見よう見まねではなく、科学に裏付けられた「技術」に目を向けさせることが大切です。

子どもが関心を持ちそうなスポーツを見つけたら、専門雑誌や本を買い与えたり、プロの競技や試合を一緒に見に行ったり、トップ選手のYouTube動画を見せるなどして、子どもの「探究心」を刺激する働きかけを行ってみてください。もしかしたら、将来、日本を代表するスポーツ選手に化けるかもしれません。

研究者気質には個人スポーツが向いている

第2章で行った「わが子にベストマッチの習い事」をもう一度見てみましょう。子どもの気質から、「2つのスポーツ」を選んでいるはずです（54ページ参照）。再度書き出してみてください。

p.54参照

スポーツ1：

スポーツ2：

ここで、研究者気質の子どもと相性が良いスポーツをご紹介します。

【研究者気質の子どもにおすすめのスポーツ】

陸上競技、水泳、体操、弓道、アーチェリー、射撃競技、ゴルフ、ボーリング、ボート競技、カヌー、カヤック、セーリング、自転車競技、スピードスケート、スラロームスキー、スキージャンプ、重量挙げ、ボルダリングなどの個人競技

第2章でも述べましたが、**研究者気質の子どもは、自分一人で「研究」に没頭できる「個人スポーツ」が向いています**。もちろん集団スポーツの技能も「個人練習」で伸ばすことができますが、実際に試合で勝つためには、周囲の選手と息を合わせるなどの個人技以外の要素も必要です。

子どもの気質、興味、体格、筋力を考慮して、再度、ベストマッチのスポーツを見直してみましょう。もちろん上記のリスト以外の種目でも構いません。また、子どもが強い関心を持っているスポーツがあれば、そちらを優先してください。いずれにしても親が上手に子どもの「探究心」を刺激することが成功への近道です。

スポーツを通して「探究心」を伸ばすことは「学力」にもプラスの刺激を与えてくれます。もちろん受験勉強にも良い影響が生まれますから、ぜひ、勉強とスポーツの両立を目指してください。

「男子400メートルハードル」で世界陸上銅メダルを獲得した為末大さんは、あるインタビューで次のように述べています。

「中高生の頃の私は、数学にはあまり興味がありませんでした。しかし、陸上競技の専門誌でバイオメカニクスの記事を目にし、データや数式を使ったアプローチで自分の力を高める方法があることを知り、数学に関心を持つようになりました。他にも、スポーツをより深く理解しようとするならば、海外の文献を読んだり、専門家に話を聞いたりすることが必要になりますから、そうした活動を通じて国語力や英語力が向上し、国語や英語自体への関心も高まりました」

サイエンス好きの子にはアートもおすすめ

研究者気質の子どもで「サイエンス分野への関心が強い」場合、絵画や造形などアート面の習い事もかなりおすすめです。

ミシガン州立大学の生理学教授、ロバート・ルートバーンスタイン博士が「ノーベル賞受賞者のバックグラウンド」を調査したところ、アート関連の趣味を持つ人が、一般の科学者（ノーベル賞非受賞者）の「3倍」いたことがわかりました。

また、同研究ではノーベル賞を受賞できる確率を「アートの種類別」に分析しました。その結果、絵画・彫刻などのビジュアルアートに取り組んでいる人はノーベル賞受賞の確率が（取り組んでいない科学者に比べて）7倍高く、写真を趣味とする人は8倍高く、演劇やダンスなどのパフォーマンスアート（舞台芸術）に取り組む人は「22倍高い」という驚くべき数字がわかったのです。

この研究を行ったルートバーンスタイン博士は、**アートで培った「創造性」が実験能力を高め、研究にもプラスに働くのではないか**と結論づけています。

アートとサイエンスが互いにプラスに影響し合うことは、研究者気質の子どもの習い事を考える上で重要なヒントになります。アートに取り組むことで「クリエイティビティー」が活性化され、学力面にも良い影響を与えてくれるのです。

アーティストであり研究者である京都大学教授の土佐尚子さんは、東京大学で工学博士の学位を取得後、マサチューセッツ工科大学の先端視覚研究センターのフェローを経て、京都大学の教授を務めるという華麗な経歴の持ち主です。

「本が好きで、そこからイメージを膨らませていました。母親がアートが好きだったので、クラシックの演奏会や美術館には、早くから一緒に行っていました。中学に入った頃に、私自身がアートに興味を抱き、絵を描くようになりました。アートが好きになるか嫌いになるかは、ひとえに小中高の美術の先生と合うか合わないかだと思います。私は、中高の美術の先生とすごく相性が良かったんですね」

土佐さんの場合、母親と美術の先生という環境があったから、アートにハマったわけです。このように研究者気質の子どもに「アート」を紹介してあげると、思いもしないような発想が生まれてくることがあります。

科学に裏付けられた「技術」とアートで培われる「創造力」。この2つを研究者気質の子どもに与えると、将来、ノーベル賞学者やクリエイターとして世界の舞台で活躍できるかもしれません！

23 研究者気質の子どもの「学校」「職業」の選び方

強い「好奇心」と高い「集中力」が持ち味の研究者気質の子どもには、学力の習得が早いという長所があります。一方で、根が真面目であるため完璧主義に陥りやすく、新しいことへのチャレンジや対人関係において消極的になりやすいという「慎重さ」も持ち合わせています。長所を伸ばすには、得意である学習面において「自分はできる！」という自信を大きく育ててあげることが近道です。自信が大きくなれば、習い事や対人関係などへの積極性も高まります。学校選び（年齢別）・職業選択のポイントは次の４つです。

①　保育園・幼稚園は「カリキュラムの充実度」で選ぶ

②　小学校は「学力優秀な児童が多い学校」が好ましい

③　中学・高校は進学校が好ましい

④　専門的な職業を念頭に置く

保育園・幼稚園は「カリキュラムの充実度」で選ぶ

保育園や幼稚園は子どもの学力の土台（文字や数字に対する認知力と思考力）を育てる大切な場所です。研究者気質の子どもは特に、国語（文字）や算数（数）の基礎力に加えて、英語、音楽、体育、ダンス、絵画、造形、習字など、**さまざまな学習分野を紹介してくれる保育園・幼稚園**が好ましいです。

また、園内の活動以外にも、ジャガイモ掘りや大根掘りなどの農業体験、プラネタリウムなどの天体観測体験、観劇などのアート体験、音楽会などの音楽体験、縄跳び大会や跳び箱大会などの運動体験など、**園外でのイベントや行事が多いほど好奇心が刺激され、探究したいことの発見につながりやすい**でしょう。

あくまでも一般的な傾向ですが、研究者気質の子どもの保育園・幼稚園は次の視点で選ぶとベストマッチの環境が見つけやすいでしょう。

- **保育園よりも、「幼稚園（あるいは認定こども園）」**
- **自由保育よりも、「一斉保育」**
- **普通幼稚園よりも、「お受験幼稚園」**

もちろん、この傾向は頭の隅に置きながらも、各ご家庭の状況に合わせてフィットする園を選ぶことが大切です。

どの場合でも、**年間、月間、週間を通してカリキュラムがきちんと決まっていて、活動がルーティン化されている環境ほど、研究者気質の子どもは安心できます。**自分が何をすべきかわかり、やるべきことに集中しやすいのです。反対に、自由すぎる環境だと、自分がどう行動すればよいのかわからず、友だちの輪に入れなかったり、周りの子どもを観察して過ごす場面が多くなりがちです。

子どもの保育園・幼稚園での学習経験を小学校での本格的な教科学習へとつなげるためにも、研究者気質の子どもの保育園・幼稚園選びは「カリキュラムの充実度」に重点を置きましょう。

幸い日本の一斉保育幼稚園の多くは、カリキュラムの充実度については世界トップレベルです。国語、算数、英語、音楽、アート、体育、伝統芸能など、幅広い分野の知識と技能にふれる機会を、経験豊かな教師や専門スタッフが提供してくれます。

通える範囲内にある園の中から「カリキュラムの充実度」に目を向けてみてください。きっと子どもにベストマッチの環境が見つかるはずです。

お受験してもしなくても「学力優秀な児童が多い小学校」が好ましい

一般的に小学校の選択肢は「公立」「国立」「私立」の3つです。都市部には「インターナショナルスクール」「イマージョンスクール」などの選択肢もありますが、本書では「公立」「国立」「私立」を対象に、研究者気質の子どもにマッチした小学校選びについてご説明します。

まず**「公立小学校選び」で考慮したいのが「学力」**です。公立小学校の「学力」を正確に判断するのは難しいですが、保護者の声や、卒業生の進学先、中学受験をする児童の割合などの情報を集めることである程度判断できます。

近所に学力優秀な公立小学校がないという場合も、あきらめずに、越境入学や引っ越しなどを検討してください。真面目に勉強に取り組む子どもが一定数いる学校ほど、研究者気質の子どもにとって「居心地が良い環境」になりやすく、また、クラスメイトからも良い刺激を受けることができます。

都市部に住み、将来、中学受験を視野に入れている場合、「中学受験が当たり前」という公立小学校に通わせれば、親がすすめなくても、子ども自身が中学受験を考えるようになります。中学受験に向かって勉強に励む子が周りにいると、子どもの競争心が刺激され、自発的なやる気で勉強に向き合うようになります。

国立小学校は、子どもの関心や興味を引き出してくれる「高いレベルの指導」が期待できます。また、国立小学校は国立大学の教育系学部における教育研究を目的としていますから、プログラミング、STEAM教育、アクティブラーニング、英語教育など、最新の教育を受けられるチャンスがあります。この点においても研究者気質の子どもの好奇心を刺激しやすい環境といえます。

私立小学校は、それぞれの学校に独自の教育理念や建学の精神（伝統）があります。私立小学校を選ぶ場合、**学力だけで判断せず、教育理念や学校の雰囲気が子どもに合っているかを見極めることが大切**です。「学力だけ」で私立小学校を選ぶと、子どもがクラスメイトになじめなかったり、親も保護者や先生の考え方に共感できないことも。その結果、子どもにとって居心地の悪い環境になることがあるので注意しましょう。

中学・高校は学力優秀校・進学校が好ましい

中学受験をする・しないにかかわらず、研究者気質の子どもにとって居心地が良い環境となりやすいのは「学力優秀校」「進学校」です。学力優秀で真剣に勉強に励んでいる生徒が多いほど、研究者気質の子どもの能力も（周りにつられて）引き上がりやすいのです。

中学受験をしない場合、進学先は学区内の公立中学となります。その場合も、「学力優秀者が多い環境」を重視してください。中学を選択できる余地があるのであれば、受験や越境をしてでも、学力優秀校を選ぶことをおすすめします。

中学受験をする場合に重要なのは、親が一方的に志願先を決めるのではなく、子どもの意思を尊重することです。しかし、学校選択を100％子どもに任せても「賢い選択」は期待できません。偏差値や名前で選んだり、「友だちが行くから」という理由で学校を選ぶとミスマッチが起こりやすくなりますので注意しましょう。子どもの意見は尊重しつつも、同時に、親もリサーチして、子どもの特性と学力レベルに合う学校をピックアップしてあげてください。

子どもの「やりたいこと」がはっきりしている場合、その分野に強い学校を選ぶことも検討しましょう。国際交流・グローバル教育・英語教育に熱心な学校、理数系・ＳＴＥＡＭ教育に熱心な学校、学業とスポーツの両立を目指す学校など、中高一貫校には特色ある学校がたくさんあります。

中学受験での合格には、子ども自身の「この学校に行きたい！」という情熱が欠かせません。元々集中力が高い研究者気質の子どもが目的を持って受験勉強に挑めば、学力を飛躍的に伸ばすことができ、受験も突破できるはずです。

中学受験をすると決めたら、親子でホームページを確認し、説明会や学校見学会に子どもと一緒に参加して、先生、生徒、保護者の雰囲気を確認しましょう。そして子どもと話し合いを重ねて、どの学校に行きたいのかを考えます。子どもが「自分で決めた！」と自信を持てるように、最終決定は子どもの意思を尊重する姿勢を忘れないでください。

STEMに関心がある子は高等専門学校という選択肢も

子どもの関心がSTEM分野である場合、進学先として高等専門学校という選択肢もあります。高等専門学校とは、中学校を卒業した生徒が専門知識を習得するために5年間の一貫教育を受けられる教育機関です。

実験・実習に重点が置かれていることが特徴で、学科は学校ごとに異なりますが、大きくは工業系と商船系の学科に分かれます。工業系の学科には、機械工学科、電気工学科、電子制御工学科、情報工学科、物質工学科、建築学科、環境都市工学科などがあります。そして、商船系の学科には商船学科があります。工業系、商船系以外にも経営情報学科、情報デザイン学科、コミュニケーション情報学科、国際流通学科を設置している学校もあります。

「ロボットコンテスト」「プログラミングコンテスト」「デザインコンペティション」「体育大会」など、全国規模で学生が日頃学んだ成果を競うための全国大会も多く開催されています。

高等専門学校を卒業後、さらに高度な技術教育を受けるための「専攻科」を設置している学校が多いのも特色の1つです。専攻科では2年間、より高度な技術教育を行います。専攻科を修了すると大学改革支援・学位授与機構の審査を経て学士の学位（大学の学部卒業者と同じ）を得ることができます。国立高等専門学校機構のデータによると、高等専門学校の卒業生の約5割は製造業へ就職します（2019年本科卒業者の実績）。他にも、情報通信、建設、運輸、電気・ガス・水道などの専門業へと就職していきます。

大学教授、研究者、パイロット、エンジニア…「専門職」がピッタリ

研究者気質の子どものキャリア選択は「専門職」が向いています。具体的には、**大学教授、会計士、税理士、弁護士、司法書士、行政書士、医師、歯科医師、獣医師、看護師、歯科衛生士、薬剤師、証券アナリスト、不動産鑑定士、パイロット、翻訳家、建築家、自然科学研究者、システムエンジニア、ゲームクリエイター、作詞家、作曲家、作家、サウンドエンジニア、映像カメラマン、インテリアデザイナー、イラストレーター、マンガ家**などです。

中でもおすすめは**「STEM関連」**です。今、世界で最も需要があり、賃金が高い分野の1つです。大学でSTEM関連の学位を取得すれば、日本はもちろん、世界中の企業への就職も視野に入ってきます。さらに失業率が低く、極めて安定したキャリア形成が期待できます。好きなことにとことん没頭できる上、給与も高いとくれば、これは無視できません！

コンピューターサイエンス	70,000ドル
電気系エンジニアリング	68,438ドル
機械系エンジニアリング	68,000ドル
化学系エンジニアリング	65,000ドル
インダストリアルエンジニアリング	64,381ドル

ではSTEM関連の仕事とは具体的に何があるのか、賃金水準（年収平均）の高い順に見ていきましょう。アメリカの就職サイト「Glassdoor」が新卒者の年収を5年間にわたって追跡調査した平均値を上図でご紹介します。

第1位のコンピューターサイエンスとはソフトウェア開発、システムエンジニアなどプログラミングに関わる技術職です。勤務先はコンピューターメーカー、ソフトウェア開発会社、ゲーム会社、情報処理サービス会社などです。

電気系エンジニアリングは、パソコン、スマートフォンなどの電子技術を用いた製品の開発、製造に関わったり、電気を工場や家庭で共有するシステムを開発したり製造したりします。就職先は公的機関や電気・電子メーカーです。

機械系エンジニアリングは家電製品、自動車、産業用機械などの機械製品の研究開発や製造を行います。就職先は機械系のメーカーや建設会社などです。

化学系エンジニアリングはプラスチック製品、合成ゴム製品、化粧品、医薬品などの化学製品や食品などの研究、開発、製造に関わる仕事です。就職先は医薬品や化粧品メーカー、化学プラントなどです。

インダストリアルエンジニアリングは業務改善を行う技術の1つであり、製造における作業工程、作業内容を科学的に分析する仕事です。インダストリアルエンジニアとして働く場所は主に企業内の総務部や管理部などです。また企業の業務の効率化を専門とするコンサルティング会社で、専門家やコンサルタントとして他社の業務に携わるという選択肢もあります。

第7章

商人気質は「競争心」「お金教育」がカギ！

17ページで確認したわが子の「強い気質タイプ」別にベストマッチのアプローチを考えていきます。「天才気質」「研究者気質」「商人気質」「パフォーマー気質」「共感者気質」の5つのうち、7章では「商人気質」にフォーカスします。

「5つの気質」は、全ての子どもに備わっています。気質の「強い・弱い」のレベルが子どもによって異なるだけなので、お子さんと相性が良いものがあればぜひ取り入れてみてください。もちろん、「強い気質タイプ」から優先してチャレンジいただく形もおすすめです！

24 商人気質の子どもは「競争」で伸びる

商人気質の子どもを伸ばすキーワードは「競争心」です。競争心を上手に刺激すれば、勉強も、習い事も、ぐんぐん伸びます。「負けたくない！」という気持ちが人一倍強く、自分を簡単に曲げない商人気質の子どもは、親にとって「反抗的で扱いにくい」と感じることがあるかもしれません。しかし（根拠はなくても）**自分を曲げないというのは、強い「自立心」を持っているサイン**です。ポジティブな方向に導くことができれば、将来、大物に化ける可能性を秘めています。商人気質の子どもを伸ばすポイントは次の2つです。

① **負けず嫌いのベクトルを見極める**

② **環境を変えてチャレンジ精神を養う**

負けず嫌いには2種類ある

商人気質の子どもは負けることが大嫌いです。できないことがあっても、努力を重ねて「できる自分に変えてしまうパワー」を秘めています。その一方で、「親の言うことを素直に聞かない」という頑固さがありますから、指示・命令で動かそうとすると逆効果になる場合もあります。商人気質の子どもを上手に伸ばすには、「負けず嫌いのベクトル」を見極めることが大切です。具体的には、次の2種類に分けられます。

【1】他人に対して負けず嫌い（感情むき出しタイプ）
【2】自分に対して負けず嫌い（ストイックタイプ）

他人に負けたくない子は「ガチ対決」で伸びる

トランプやボードゲームで負けそうになるとかんしゃくを起こす、勝敗がつくスポーツや遊びをしている時に勝つまでやめない、運動会や競技会などで負けた時に悔しくて大泣きしてしまう。このような子どもは「他人に負けたくない」という対外的な競争心を持っています。

このタイプの子どもには**「親が競争心を盛り上げる」と効果的**です。小さい子であれば「ママと競争しよう！」と言えば、部屋の片付けも、お勉強も、お手伝いも、素早く行動してくれます。何事も一人で取り組むよりも「誰が早くできるか競争しよう」「早くできた人が勝ち！」と、親子やきょうだい間で競争する方が短時間で終わります。

競争心を高めるために、家庭で「ガチ対決」をたくさん経験させてあげましょう。トランプやUNOなどのカードゲーム、オセロ、将棋、モノポリーなどのボードゲーム、対戦型のテレビゲームなど、大人（あるいは年上のきょうだい）と子どもが手加減なしの「ガチ対決」できる遊びを一緒に楽しんでください。

どんなゲームでも、最初は親（あるいは年上のきょうだい）が勝つ場面が多いでしょう。負けた子どもはかんしゃくを起こすかもしれませんが、そんな時は「あそこでこうすればよかったよね」「にやしていると手のうちがバレるよ」と、次につながるヒントを与えてください。最初は親が連戦連勝でも、すぐに子どもは実力をつけて大人に追いついてきます。

くれぐれも「わざと子どもに勝たせる」ことはしないでください。親が手を抜くことは子どものためになりません。商人気質の子どもは、負けを体験すると、負けず嫌いの精神を発揮するのです。次は勝てるように懸命に思考を働かせ、戦略を立て、再び挑んでいくことができます。負けを経験させることが、子どもの良い部分（チャレンジ精神）を引き出してくれるのです。

小学生以上の子どもで、スポーツ、音楽、ダンスなどの習い事に取り組んでいる場合、練習だけで終わらせずに、その分野の「ガチ競争」に参加させましょう。競技会、コンテスト、発表会など「順位がつく競争」に参加させることで「競争心」に火がつきます。第2章でも述べましたが、競争に参加させる際のポイントは「手が届く範囲」です。**理想は「勝ち6：負け4」くらいの可能性の競争**です。きわどい「ガチ競争」ほど、商人気質の子どもの「やる気」を大きく伸ばしてくれます。

自分に負けたくない子は「親のサポート」が必須

商人気質でも競争心を表に出さない子どもがいます。カードゲームやボードゲームで負けてもあまり悔しがらない。スポーツの試合や競技会で負けても、クールに冷静を装う。競争している時も感情を表すことが少なくポーカーフェイスでいる。このような子どもは「負けたくない」という気持ちのベクトルが他者ではなく自分に向く「ストイックタイプ」です。

このタイプの子どもは、「自分に負けたくない」という競争心（プライド）が強いですから、努力を重ねて「できる自分に変える」ことができます。上手に導けば、勉強も、習い事も、自主的な努力で高いレベルに到達できるため、文武両道、文芸両道が実現しやすいタイプです。

親の仕事は、ヒントや知識、道具や環境を与え、必要な時にはコーチや指導者の手を借りて「できるようにサポートしてあげる」ことです。ストイックタイプの子どもはプライド（自尊心）が傷つくと「絶対やらない！」というネガティブな方向に頑固さのベクトルが向くケースがありますから、親が手厚くサポートして「やると決めたことをできる子」にしてあげることが重要です。

そもそも商人気質の子は「納得しないことには簡単に取り組まない」ものです。だからこそ、何に取り組ませるのかが重要です。勉強、スポーツ、音楽、ダンス、アート、ボードゲーム、何をしている時に子どもが「一番根気強いのか」「一番負けず嫌いになるのか」を親がしっかり見極め、その分野に取り組めるように導くことが大切です。

将棋などのボードゲームをしている時に負けず嫌いが強く表れる子でしたら、まず家庭で基礎技能を教え、ゲームやオンラインなどで実践経験を積ませ技能を高めてあげます。その上で、将棋教室に参加させて「ガチ競争」を経験させてください。算数の問題に根気強く取り組める子でしたら、家庭でそろばんや暗算の基礎を教え、オンライン学習や算数クイズにたっぷり取り組ませた上で、そろばん教室に参加させて「ガチ競争」を経験させてあげます。

ストイックタイプの子どもは、特定の人と競い合いながら技能を伸ばしていくのでなく、**人目にふれない場所で「こっそり技能を伸ばす」やり方を好む**傾向があります。家庭で技能を十分に高めてあげて（勝てるように準備して）から競争に参加させる。この順序を守ることがポイントです。

子どもが「何に対して負けず嫌いなのか」を見極め、子どもに合った分野の競争環境やサポートを与えることが商人気質の子どもを伸ばすコツです。

「少しのストレス」で、チャレンジ精神が高まる

商人気質の子どもは、「チャレンジ精神」が強めです。新しいことや新しい環境への適応能力が高いですから、子どもの成長に合わせて、環境のレベルを少しずつ上げていくことにも目を向けてください。伸び続ける子どもを育てるには環境の変化もまた大切なのです。

英語で「Get out of comfort zone」という言葉があります。「居心地の良い場所（コンフォートゾーン）から脱出せよ！」という意味です。人間の成長にとって居心地が良すぎることは危険であることを警告する言葉です。

実は、この効果は心理学的にも証明されています。イェール大学のロバート・ヤーキーズ教授と心理学者のジョン・ドットソン氏は、人間がパフォーマンスを最大限に発揮するには、相対的に不安な状態、つまりいつもより「少しストレスが高い状態」が必要であるという「ヤーキーズ・ドットソンの法則」を提唱しました。

実際に学校ではもちろん、社会に出てからも伸び続けている子どもたちを観察していると、「自分の現状に決して満足しない」という共通点がわかります。常にワンランク上を目指して努力を継続しています。**現状の1割増しの目標を設定し、わざと少し居心地の悪い状態を作る**わけです。そしてそれを達成したら、さらにワンランク上を目指す。そうしてずっと右肩上がりに伸びていくことができ

るのです。

ポイントは「ワンランク上」です。決して高すぎる目標設定をしていないのです。自分の手が届く範囲で目標を定めて挑戦をしています。階段を3つ、4つ飛ばして上ろうとしない。着実に実力をつけていく。地道で根気のいる作業ですが、これを実践できるのが商人気質の子どもたちです。

もちろん環境を変えることは子どもの力だけでは難しい場合があります。親が子どもの技能レベルを見極め、「準備ができた」と判断したら、環境を変えることを検討してください。

「習い事」はコンフォートゾーンから出る訓練に最適！

子どもの環境を変えることが大切！といっても、学校をころころ変えるわけにはいきません。でも習い事ならば「ワンランク上」の挑戦を継続することができます。

音楽コンテストで「学年1番」になったら、1つ上の学年で勝負してみる。「学校で1番」になったら、隣町のコンテストに出てみる。「地域で1番」になったら年齢制限なしのオープンコンテストにチャレンジしてみる。このように競争のレベルを上げていくことで、子どもはずば抜けて高いレベルに到達できます。

競争環境を上げる時に注意しなければならないのが、**子どもの心身の発達状態を見極めること**です。いくら技能が上達してもメンタル面が伴わなければ、高いレベルでの競争に勝ち残っていくことはできません。

親の仕事は、子どもに新たなチャレンジを促し、背中を押してあげることです。「中学受験に挑戦してみない？」「コンテストにチャレンジしてみない？　あなたならできるよ！」と促してみましょう。子どもの心を軽くしてあげられるはずです。

25 商人気質の子どもの「学力」の伸ばし方

商人気質の子どもは「競争心が強い」という特性があります。この特性をうまく刺激することで商人気質の子どもの学力をスムーズに伸ばすことができます。問題はどうやって競争心のベクトルを勉強に向かわせるかです。商人気質の子どもの競争心を勉強に引き寄せるポイントは次の3つです。

① 算数は競争心を刺激しやすい教科
② 英語は小学生でも大人以上の実力が可能
③ お金の教育を実践して人生設計につなげる

「算数」は競争心を刺激するおすすめの教科

商人気質の子どもの競争心を刺激する上で実践してもらいたいのが「算数教育」です。算数は「正誤／マルバツ」がはっきりしているから「競争心を刺激しやすい教科」といえます。記憶力だけでなく、思考力が求められる点や、いくらでも「先取り」ができ、自分よりも年上の人たちと競争できることも商人気質の子どもにマッチしています。

子どもの関心を「算数」に向けるには、家庭で「数字」が豊かにある環境を作り、数字に対する心理的な抵抗感を取り除くことからスタートするとスムーズです。**家の中に数字チャートや計算チャートを貼ったり、百玉そろばんや数字カードなどの数字玩具を買う**など、子どもが日常的に「数字」にふれられるように工夫してください。

幼児期の算数教育は数唱（1から100まで口頭で数える）からスタートします。親子で競争しながら100まで数えたり、数字を逆さま（10から1までなど）に数えたり、家の中にあるモノ（おもちゃ、食器、本、食べ物、洋服など）を数えたりして数に親しみましょう。数唱ができるようになったら、数字チャートの数を指さしながら「数字の読み方」を教えます。1から順番に読むだけでなくランダムでも読めるように、数字チャート、時計、商品のパッケージなどの数字を読む競争をしましょう。ランダムに数唱ができるようになったら、足し算と引き算が暗算（指を使わずに頭で計算する）できるように訓練していきます。足し算チャートを読んだり、マス計算をしたり、計算プリントを使って頭で計算するなどの競争を取り入れて練習することを習慣化しましょう。

習い事としてそろばんに取り組むこともおすすめです。「〇級」というように自分のレベルが明確になる習い事ほど商人気質の子どもの「競争心」を刺激します。同様に算数検定や算数オリンピックにチャレンジするなど、「明確な目標設定」をすると商人気質の子どもの競争心に火がつきます。

計算ができるようになったら、子どもと一緒に買い物に行き、算数を日常生活の場面で使うことを教えてあげてください。買ったモノの合計金額を暗算したり、お釣りを計算したり、消費税の金額を概算したり、「2割引き」「10％引き」の商品価格を計算したり、「ポイント5倍」でいくらになるか計算したりします。**算数を日常生活で活用する習慣によって、物事を数字で捉える「算数思考」が養われます。**

世界一理数系に強い人が多いといわれるインド人は、暗算を日常の「遊び」として取り入れているそうです。たとえば、車のナンバープレートの4つの数字を足したり、引いたり、かけたり、割ったりして「10」や「20」を作る。頭の中で数字を自在に操る訓練を遊びで鍛えているのです。

英語なら小学生でも大人以上の実力を目指せる

もう1つ、商人気質の子どもの「負けず嫌い」を刺激する教科が英語です。英語は「小学生でも大人以上の実力」に到達することができます。実際に、私の教え子には小学生で「英検準1級」を取得した生徒がたくさんいます。「大人（先生）を負かすことができる！」。これが商人気質の子どもの競争心を刺激するのです。

英語が読めれば、世界最先端の情報に人より早くふれることもできます。インターネットの世界は「英語」が共通語です。世界最新の情報は全て英語で発信されているといっても過言ではありません。英語がわかれば翻訳を待つことなく、海外で人気のアニメ、音楽、映画、ゲームなどの最新情報にふれることができます。これは「新し物好き」である商人気質の子どもの関心を引きやすいのです。

子どもの英語教育のスタートとして注意すべき点が「英会話信仰」です。英会話スクールに通わせて、ネイティブとコミュニケーションさせれば英語が得意になる。そう思い込んでいる人が少なくありません。私は日米で30年以上にわたり英語教育に関わっていますから断言できますが、**英会話では受験や英語の資格試験を突破できる英語力は身につきません。**日本で（受験や仕事にも使える）高い英語力を身につけるには**「英語多読」が最短で最高の方法**です。

英語多読といってもいきなり分厚いペーパーバックを読むわけではありません。リーダーズと呼ばれる「レベル分けされた簡単な本」からスタートすると、どの子も、無理なく、高いレベルに到達できます。

リーダーズの多読に取り組むと、子どもは「英語の本を1冊読み切った！」という成功体験を積み重ねることができます（簡単なリーダーズは16ページ程度で5分以内で1冊読めます）。単語や文法の難易度が細かくレベル分けされていますから「自分の今の英語力が可視化」でき、商人気質の子どものモチベーションを維持しやすいのです。リーダーズの多読を継続していくと、やがて英語のペーパーバックが読めるようになります。日本国内でもオンラインで入手できますから、ぜひ取り入れてみてください！

英語多読の一番のメリットは「一人で学習できる」ことです。自分のペースで「英語の全技能」を向上させることができるのです。

また、英検やTOEFLなど「明確な目標」を持たせると商人気質の子どものやる気に火がつきます。ちなみに日本人にとって英語学習のゴールは「CEFR B2／英検準1級以上」です。このレベルに到達すると日本国内では「英語力トップ1％」になれます。受験で優遇措置を受けたり、返済不要の奨学金を得て海外留学したり、英語を武器に就職で優位に立つなど、あらゆる可能性が広がっていきます。

「お金の教育」は5歳からスタートしよう！

商人気質の子どもの関心を「勉強」に向ける上で考慮したいのが「お金の教育」です。将来、社会で経済的に自立していく上で欠かせないことから、急速に注目を集めつつあります。特に商人気質の子どもに適切な「お金の教育」を行うと、競争心を発揮して、日本を代表するビジネスマンや起業家に化けるかもしれません。5歳頃から、家庭でスタートするのがおすすめです。**小学生になってから**

はより本格的にお金や経済（お金とモノの流通、需要と供給の関係など）について教えましょう。私が住むアメリカでは、お金の稼ぎ方、お金の使い方、お金のため方、お金の増やし方などの「お金の教育」は親が子どもに教えるのが一般的です。子どもの頃から「お金と正しく向き合う経験」を積ませておかないと、消費、借り入れ、投資などについて賢い判断ができない、生活力の弱い大人に成長しかねません。

キャッシュレス化が進むにつれて子どもたちが「お金の重み」を実感できる機会が乏しくなっています。お金について家庭で正しい知識を持たせることで、金融資本主義が強まるこれからの社会において効率的に資産を構築することが可能になります。

お小遣いを「お手伝い制」にすれば、お金の重みと交渉力が身につく

家庭でのお金の教育は「お小遣い」からスタートすることをおすすめします。子どもに毎月お小遣いをあげる家庭は多いと思います。まずはこれを「お手伝い制」に切り替えるのです。実社会では「何もせずにお金がもらえる」ことはありません。**「お金を稼ぐには労働が必要であること」を子どもに実体験を通して教えるチャンス**です。

掃除、洗濯、ゴミ出し、食事の準備や片付け、ペットの世話、買い物の手伝いなど、子どものお手

伝いを決めて、労働の対価として「給料＝お小遣い」を渡すのがおすすめです。

お小遣い制を導入する時は、親が一方的に決めるのではなく、子どもと話し合いの場を持つことが大切です。まず親が子どもに手伝ってもらいたい仕事をリストアップし、それぞれの対価を子どもと一緒に決めます（たとえば食器洗い50円、洗車は200円など）。話し合う機会を通して、子どもは「交渉すること」を覚えるでしょう。そして子どもがお手伝いをしたらカレンダーに記入し、週末や月末に集計してお小遣いを支払うというルール作りをしてみましょう。

家庭でお金の「賢い使い方」が学べる意外な方法

お手伝いでお金の稼ぎ方を教えたら、次のステップとしてお金の使い方について「計画を立てる」ことを教えましょう。お小遣いやお年玉をどう使うのか？　たとえば子どもが欲しいゲームがある場合、毎月どれだけ稼ぎ、どれだけ貯蓄し、目標達成までにどれだけ期間がかかるのかを子どもに考えさせてみてください。

欲しいモノを衝動的に買うのではなく、「賢い選択」をするための練習です。**親が「貯金しなさい」「無駄遣いはダメ」と、一方的に指示するのは逆効果**です。子どもにお金の使い方を考えさせることで、計画性を持ってお金を貯蓄し、消費する習慣をつけることができます。

購入するモノについても、しっかり吟味して、賢い選択をする方法を教えてあげましょう。たとえば家庭で新しいテレビを購入する時、大人だけで決めずに子どもにも一緒に考えてもらうのです。メーカー、機能、デザイン、サイズ、値段、評判などをインターネットで調べて比較する方法を教えれば、子どもがリサーチしてベストなテレビを見つけてきてくれるかもしれません。

家族で外食する時には、メニューの中から食べ物や飲み物を子どもに選ばせましょう。**「1000円以内で好きなモノを選んでいいよ」と予算を決めて自由に組み合わせを選ばせる**と、子どもは「予算内で最高の選択をする」訓練を積み重ねることができます。

夏休みの家族旅行のプランニングを子どもに任せるのもよい思考訓練になります。決められた予算と日程の中で、どこに行って、どこに泊まって、何をするのか、子どもに考えさせるのです。「お金の使い方」を計画する経験を通して、子どもは「賢く選択する思考」を身につけることができます。

ボードゲームで遊ぶだけで「金銭感覚」が身につく！

「モノポリー」をご存じでしょうか。これは不動産投資によって資産を増やすことを競い合うゲームです。金銭感覚、ビジネス交渉術、長期投資などをゲームで楽しみながら子どもに教えることができるため、アメリカの家庭で人気です。

日本でおなじみの「人生ゲーム」も、アメリカ生まれのボードゲームです。誰もが一度は「人生ゲーム」をやったことがあると思いますが、実は「お金教育」の優れたツールでもあります。

ゲームの中で選択を迫られる時にちょっとしたアドバイスを与えることで、「お金のプランニング」と「選択」の重要性を楽しみながら教えることができます。

最近はスマートフォンでお金を学べるアプリやオンラインゲームも開発されています。幼児にお金の数え方や買い物の仕方（支払いやお釣りの計算）を教えるアプリ、小学生以上にはお小遣いの管理ができるアプリ、小学校高学年以上にはお店の経営（仕入れ、商品開発、販売）を学べるアプリなどがありますので、活用してみてください。

26 商人気質の子どもの「習い事」の選び方

商人気質の子どもの習い事選びのキーワードは「ガチ競争」です。ガチ競争とは「一対一の競争」あるいは「順位が明確につく競争」です。商人気質の子どもの習い事を「練習だけ」で終わらせてはいけません。試合、競技会、発表会、コンテストなどのガチ競争に参加させて技能を伸ばすことを実践してください。商人気質の子どもの習い事選びを成功させるポイントは次の2つです。

① **「ガチ競争スポーツ」に参加させる**
② **ストイックタイプの子には楽器がおすすめ**

「ガチ競争スポーツ」と相性抜群！

商人気質の子どもの習い事選びでまず考えてもらいたいのが「スポーツ」です。スポーツで「健全なガチ競争」を経験することで、子どもの競争心に火がつきます。**「負けたらかわいそう」**と、**子ど**

もから競争を遠ざけてはいけません。

ガチ競争は「本気で相手にぶつかる力」「緊張する場面で100%実力を発揮する力」「敗北をバネに飛躍する力」「目標に向かってやり抜く力」など、実社会で成功するための能力を鍛えてくれる「人間力育成ツール」なのです。

ここで、第2章で行った「わが子にベストマッチの習い事」をもう一度見てみましょう。子どもの気質（性格的な傾向）から、「2つのスポーツ」を選んでいるはずです（54ページ参照）。それらをここに書き出してみましょう。

p.54参照

スポーツ1：

スポーツ2：

【商人気質の子どもにおすすめのスポーツ】

テニス、ソフトテニス、卓球、バドミントン、柔道、空手、剣道、相撲、なぎなた、フェンシング、テコンドー、少林寺拳法、レスリング、柔術、ムエタイ、キックボクシング、ボクシングなど「一対一の真剣勝負」を伴うスポーツ

商人気質の子どものスポーツは、一対一の真剣勝負ができる「個人競技」がおすすめです。もちろんサッカーやバスケットボールなどの集団競技でも勝ち負けを経験することができますが、負けず嫌いな子どもの特性を引き出し、伸ばすには「自分一人の力で」勝敗がはっきり決まる個人競技がより向いているといえます。

ただ負けず嫌いのベクトルが自分に向く「ストイックタイプ」の子どもは、特定の相手と競い合う「ガチ競争」に抵抗感を示す場合があります。その場合は家庭で十分に練習を積み上げて、きわどい競争ができるレベルまで技能を引き上げてから参加させるようにしてください。またガチ競争の中でも身体接触がないテニス、卓球、バドミントンなどを紹介するとハマる確率が高まります。

いずれにしても商人気質の子どもの習い事選びでは、何か1つ「ガチ競争スポーツ」を検討してください。**子ども時代に競争経験を積んでおかないと、成長とともに（プライドが高まり）失敗や敗北などのマイナスの刺激を怖がるようになります。**「失敗するなら、やらない方がいい」と、物事に対して消極的な態度になる癖がついてしまうことがあるので要注意です。

スポーツの習い事選びでは、（1）親やきょうだいが取り組んでいるスポーツ、（2）居住する土地

で盛んなスポーツ、(3)中学・高校の部活につながるスポーツ、(4)競技人口が少ないスポーツなどを考慮に入れることが成功への近道です。

もう一度、わが子にベストマッチのスポーツを見直して書き出しましょう。もちろんリスト以外のスポーツ(集団スポーツや自己競争スポーツ)でも構いません。また、子どもが強い関心を持っているスポーツがあれば、それを優先してください。

スポーツ1：

スポーツ2：

自分に負けたくないストイックタイプの子には「楽器」もおすすめ

自分に対して負けず嫌いのストイックタイプの子どもの習い事は(ガチ競争スポーツに加えて)一人でコツコツ練習できる「楽器演奏」もおすすめです。歌を歌うことや、音が出る玩具が好きな子どもに楽器を紹介すると、短期間で技能を伸ばします。

商人気質の子どもは、概して、負けず嫌いで目立ちたがり屋な面がありますから、「目立つ楽器（音が大きい楽器）」であるバイオリン、サックス、ギターなどを選ぶと、競争心を発揮して短期間で上達するかもしれません。もちろん子どもが挑戦してみたい楽器があれば、それを優先してください。

練習する環境によっては、技能が伸び悩むことがあるので注意しましょう。特に楽器の練習をし始めた当初は近所から苦情がくるかもしれません。せっかく楽器を始めても、思い切り吹いたり、大きな音を出して練習できる環境がなければ、技能もやる気も上がっていきません。

さらに一人で練習するだけでなく「発表会」「演奏会」「コンテスト」などに積極的に参加させて「緊張する場面で実力を発揮する経験」を積ませましょう。十分に準備を積んで挑んでも、本番で失敗することがあるでしょう。しかし、**失敗経験を糧に成長できるのが商人気質の子どもの素晴らしい部分**です。

楽器演奏以外にも、ダンスや演劇など「人前で」歌ったり、踊ったり、演技する習い事も緊張にのまれにくい強いメンタルを育ててくれます。

子ども時代の「きわどい真剣勝負」は心の栄養になる！

子どもが成長し、自分らしく自己実現を図っていく過程では「競争」を避けることはできません。

大学受験、就職、昇進、転職、子どもの未来は厳しい競争の連続です。もちろん失敗や敗北や挫折を経験することもあるでしょう。しかし、あきらめずに再び立ち上がり、さらなる自己研さんを重ねていけるメンタルタフネスを備えていれば、どんな困難も乗り越えていくことができるはずです。

競争は「社会に出るためのトレーニング」です。子ども時代に習い事を通してガチ競争をたくさん経験させ、「健全な競争心」を育むことを強くおすすめします。

競争のメリットや、親が気をつけるべきポイントの詳細は第2章「子どもの競争を避けてはいけない」（72ページ参照）に譲るとして、ここでは最も要注意なポイントである「競争のレベル」についておさらいしましょう。

商人気質の子どもを伸ばすには「手が届く範囲」の競争が理想です。**年齢や習熟度などで明らかなレベル差があると、子どもは劣等感を持ってしまう可能性があります。**自分と同レベルのライバルと、きわどい真剣勝負の中で競い合う。これが、子どもの技能を飛躍的に伸ばす近道です。具体的には「勝ち6：負け4」くらいの「きわどい競争」がおすすめです。

27 商人気質の子どもの「学校」「職業」の選び方

ここまで商人気質の子どものポイントとして「競争心」を取り上げてきました。実は競争心は「もろ刃の剣」です。自分の周囲に高い能力を持った子が多ければ、「負けず嫌い」の精神を発揮して、自分も高いレベルに到達できてしまう一方で、周囲に平均的な能力の子が多ければ、自分も周囲に合わせて平均止まりになってしまう。そんなケースも見られます。

良くも悪くも周囲に影響されやすい商人気質の子どもの学校選びのポイントは、**「実力よりも少し高い環境」**です。わが子の競争心のベクトルがどの分野に向いているのかを見極め、その分野において優秀な子が多い環境を見つけることができれば、子どもは競争心を発揮して、自らの努力で周囲に追いつき、学力や技能を伸ばしていくことができます。商人気質の子どもの学校選び・職業選択のポイントは4つです。

①　多様な体験活動を提供してくれる幼稚園

②　競争心のベクトルにマッチする小学校

③ 公立中高一貫校・私立中高一貫校・全寮制中学
④ チャレンジできる職種が向いている

保育園・幼稚園は「多様な体験活動」を重視

商人気質の子どもには運動、音楽、アート、自然体験など「多様な体験活動」を提供してくれる環境が望ましいです。なぜなら、幼児期は子どもの「競争心のベクトル探し」の時期だからです。子どもがどんな分野で競争心を最も発揮するのか、その方向性を見定めるには「多様な体験活動」が必要です。

保育園や幼稚園の課題、たとえば、縄跳び、跳び箱などの運動分野で「負けず嫌い」を発揮する子もいれば、楽器演奏やダンスなどで「負けず嫌い」になる子もいます。絵画などのアート分野、算数や文字などの勉強分野で「負けず嫌い」になる子もいます。多様なアクティビティに取り組む機会(時には競争環境)を提供してくれる環境ほど、子どもの「競争心のベクトル」が見定めやすいのです。

またモンテッソーリ教育などの「縦割り保育」を取り入れているところは、子どもが年少・年中の時は、年上の子どもと交流できるので、プラスの刺激を受けやすい環境といえます。ただ子どもが年長になった時には年上がいませんから、物足りなさを感じるかもしれません。年長になると、年下の子のお手本であり、リーダー的役割が期待されるのが縦割り保育の特徴の一つです。

保育園にすべきか幼稚園にすべきか、悩むケースもあるかもしれません。一般的には商人気質の子どもは、次の視点で選ぶとベストマッチの環境が見つけやすいでしょう。

- **保育園よりも「幼稚園」**
- **自由保育よりも「一斉保育」**
- **普通幼稚園よりも「お受験幼稚園」**

もちろん、選べないケースもあると思います。各ご家庭の事情を最優先にしてください。くれぐれも知名度やママ友たちの意見に惑わされないように注意しましょう。必ず親が説明会への参加や幼稚園訪問をして、自分の目で見極めてください。子どもは毎日最低でも、5〜6時間を保育園や幼稚園で過ごします。わが子が幼稚園で過ごしている姿をイメージして、子どもが「周囲から良い刺激を受けられる環境」を見つけてください。

小学校は「ハイレベルな競争」をお受験校と相性抜群、公立校なら習い事で競争心を刺激する

商人気質の子どもの小学校選びのポイントは「競争心のベクトルにマッチする環境」です。もし小学校を選べるのでしたら、子どもが競争心を発揮する分野（勉強、スポーツ、音楽、アートなど）でハイレベルの競争が期待できる学校を選ぶことをおすすめします。

近所の公立小学校に通う以外に選択肢がないという場合は、子どもの教育を学校任せにせず、前項でご説明した「習い事」や家庭教育を通して競争心を刺激する環境作りを心がけてください。

最近は「学校選択制」を導入する市町村が増えています。学校選択制とは、公立小中学校について、進学先を複数校から選択できる制度です。学校を選択できる場合は学力レベルが高い学校を選択してください。冒頭でも述べましたが、商人気質の子どもは「周りの影響」を受けやすいですから、学力優秀な子が多い環境が好ましいといえます。

通学可能な範囲に「国立小学校」がある場合、受験することを検討しましょう。国立小学校の児童は「教育熱心な家庭の子ども」がほとんどです。勉強はもちろん、スポーツやアートなどに秀でた子が多く、商人気質の子どもの「競争心」を刺激しやすい環境といえます。また、国立小学校は、教育研究を使命とする「教育実験校」という位置づけですから、プログラミング、STEAM教育、アク

ティブラーニングなど、革新的な授業が受けられるチャンスがあります。

私立小学校を受験する場合、子どもの「競争心のベクトルに合う学校」を選ぶことが大切です。私立学校は「建学の精神」や「教育方針」に基づいた教育を実践していますから、子どもの資質にピッタリ合う学校を見つけやすいのが利点です。コンピューター教育に熱心な学校、英語教育に熱心な学校など、さまざまな特色を持つ学校の中から子どもにベストマッチの環境を選びましょう。

公立中高一貫校・私立中高一貫校・全寮制中学も選択肢に入れる

小学校高学年になると、競争心のベクトルがかなりはっきりします。勉強、スポーツ、音楽、アートなど、子どもが負けず嫌いを発揮する分野でレベルの高い競争環境に入れてあげることが理想です。

おすすめなのは「公立中高一貫校」と「私立中高一貫校」です。もちろん入学するには受験を突破することが必要ですが、入学後に「レベルの高い競争」が実現でき、6年間にわたって子どもの「特性」が大きく伸びる効果を期待できます。

通学圏に公立中高一貫校がある場合、受験することをおすすめします。公立中高一貫校の受験は「4教科のマルバツテスト」で合否が決まるシステムではありません。「適性検査型」と呼ばれる「考える力」を問うテストと小学校の成績や活動を記録した「報告書」、さらに「作文」と「面接」の4つを総合的に評価して合否を決定します。大学の「総合型選抜」に近い受験システムです。そのため、公立中高一貫校の生徒は、考える力（批判的思考力）が強い子、スポーツや音楽などで一芸に秀でた子、リーダーシップが強い子など、「強み」を持つ個性的な生徒が多いのです。

私立中高一貫校を受験する場合、子どもの「競争心のベクトルに合う学校」を選びましょう。グローバル教育、ICT教育、STEAM教育、文武両道など、それぞれの学校の教育方針を確認し、子どもが関心のある分野で「高いレベルの競争」が実現できる学校を選択肢に入れましょう。

また私立中学選びでは、小学校時代に子どもが取り組んできた「課外活動」も考慮してください。野球、サッカー、吹奏楽、ダンスなど、どの私立中学にも力を入れている課外活動があります。学力レベルだけで判断せず、子どもの「課外活動」に合った候補先を選びましょう。

さらに「全寮制中学」や「寮生活ができる中学」も商人気質の子どもの選択肢に加えましょう。中学・高校という多感な時期に、多様な価値観と高い志を持つ仲間と共同生活をする経験は、自立心が旺盛な商人気質の子どもをさらに大きく成長させてくれるでしょう。

商人気質の子どもの特性を伸ばすには「中学・高校時代の環境」が極めて重要です。**理想は今の実力よりも少し高めの環境でハイレベルの競争が実現できること。**子どもとの対話を密にして、子どもが「自らの意欲」で受験に挑めるように上手に導いてください。

証券アナリスト、弁護士、コンサルなど「チャレンジできる職種」が向いている

商人気質の子どもは競争心が強いですから、キャリア選択においても「明確な成果を求められる職種」や「新しいことにチャレンジできる職種」が向いています。

たとえば、**ファンドマネージャー**、**証券アナリスト**などの金融関係の専門職は「実力次第で高収入」が実現できます。**弁護士**、**会計士**、**税理士**、**コンサルタント**などの専門職も「実力」が求められる世界ですから、特性を思い切り活かすことができるでしょう。また一般の企業に就職する場合でも、**営業職や企画職**などで成果を上げやすいでしょう。もちろん「商人気質」を発揮してベンチャー企業に就職したり、自分で起業することも有望な選択肢です。

商人気質の子どもの競争心を刺激し、失敗を恐れない「チャレンジ精神」を伸ばす子育てを実践すれば、将来、世界を舞台に活躍する偉大な実業家になるかもしれません。日本を代表する実業家の言葉を、1つだけご紹介します。

パナソニック ホールディングスの創業者・松下幸之助さんの言葉です。「商売は勝ち負けである。この注文がどちらに行くのか、相手に自分より多く取られたら負け。それに勝つには、まず勝つことに対する執念がなくてはならない。経験からいくと、やっぱり勝とうという執念の強い者が最後に勝

つ。だから勝つことに対する執念を持たないといけない」

第8章

パフォーマー気質は「行動力」で伸びる！

17ページで確認したわが子の「強い気質タイプ」別にベストマッチのアプローチを考えていきます。「天才気質」「研究者気質」「商人気質」「パフォーマー気質」「共感者気質」の5つのうち、8章では「パフォーマー気質」にフォーカスします。

「5つの気質」は、全ての子どもに備わっています。気質の「強い・弱い」のレベルが子どもによって異なるだけなので、お子さんと相性が良いものがあればぜひ取り入れてみてください。もちろん、「強い気質タイプ」から優先してチャレンジいただく形もおすすめです！

28 本気で打ち込める「何か」を見つけよう

活発で社交的！　そんなパフォーマー気質の子どもを伸ばすキーワードは「行動力」です。サッカー、バスケットボール、ローラースケート、スケートボード、ピアノ、ダンス、アート、やりたいことがいっぱいある「好奇心旺盛」なパフォーマー気質の子どもは「飽きっぽい」「集中力がない」とも思われがちです。しかし、本気で打ち込める「何か」を見つけることができると、秘められていた能力が一気に開花します。勉強も習い事もグングン伸びるのです！

パフォーマー気質の子どもを伸ばすポイントは次の2つです。

① **多様な活動で「本気で打ち込める何か」を見つける**
② **集団スポーツに参加させて「非認知能力」を鍛える**

リーダーになる可能性を秘めている

バイタリティーあふれるパフォーマー気質の子どもは「行動力」を活かして、将来、優れたリーダーになる可能性を秘めています。幕末に活躍し、わずか10年で三菱財閥を築いた岩崎弥太郎のように、抜群の発想力と機を逃さない行動力で成功を勝ち取っていく。そんな爆発力を持っています。

派手なパフォーマンスと言動で注目を集める「ビッグボス」こと北海道日本ハムファイターズの新庄剛志監督。タレント、実業家、クリエイターなど多くの肩書を持つ新庄さんは、日本プロ野球史上最高の「エンターテイナー」として幅広い人たちから愛されています。２００1年にアメリカのメジャーリーグ入りし、日本人選手として初のワールドシリーズに出場。日米のグラウンド内外におけるパフォーマンスは「新庄劇場」と形容されて連日のようにテレビや新聞で報道されました。

新庄さんのパフォーマンスは単に目立ちたいからという理由ではありません。「学生時代にお山の大将だった選手がプロの世界に入ってうまい選手に囲まれると、どんどん自信を失い萎縮して、それがプレーの差となって表れる」とインタビューで述べているように、派手なパフォーマンスには、周りの選手をリラックスさせ、能力をフルに発揮できる環境を作ってあげるという狙いがあるのです。

新庄さんのように、**パフォーマー気質の子どもは日本を飛び出し「世界の舞台で活躍できるたくましさ」を秘めています。**失敗を恐れず何事にも挑戦していく行動力、周りを楽しませる演出力を伸ばすことができれば、将来日本を代表するリーダーに大化けするかもしれません。

「本気で打ち込める何か」を親子で見つける方法

パフォーマー気質の子どもは活発です。じっとしていることが嫌いで、何かをしていないと気が済まない。場合によっては「落ち着きのない子」と映ることがあるかもしれません。しかし、そんな子どもの「行動力」を短所と捉え、抑えつけてはいけません。**子どもに落ち着きがない、集中力がないのは「本気で打ち込める何かを見つけていない」から。**そう考えてみてください。

親の仕事は「子どもが打ち込める何か」を見つけること。気質に合った、さまざまな活動の場を与えることです。概してパフォーマー気質の子は野外で遊ぶことが好きですから、**家の中に押し込めずに、外に出て遊ぶ機会を多く作ってあげてください。**公園で走り回ったり、遊具で遊んだり、サッカーや野球やバスケットボールなどのスポーツを楽しむ中で「子どもの情熱は何か？」を探りましょう。

パフォーマー気質の子どもは、新しいこと、珍しいことにすぐに食いついてきます。テニスをやらせれば夢中になり、サッカーにもすぐにハマる。ダンスや楽器などにも興味を持ち、落語や漫才にも関心を持つかもしれません。与えれば、与えた分だけ食いついてくれます。

多様な活動の中で、子どもがどんな分野に「一番」行動力を発揮するのか。これを見極め、子どもが集中的に取り組める環境を整えて技能を高めてあげることが親の大切な役割です。

たとえば、疲れ知らずで走るのが大好きな子には「もっと速く走る方法」を教えてもらえる陸上教室に入れてあげる。リズム感が良い子にはダンスや楽器を経験させる。「ハマる」何かさえ見つかれば、子どもが行動力を発揮して、自分の力で技能を高めていってくれます。

子どもが本気で打ち込める何かを見つける。

これを常に心に置きながら日々の子育てに向き合うと、パフォーマー気質の子どもの「優れた部分」が見えてきます。

集団スポーツで「非認知能力」が伸びる！

パフォーマー気質の子どもの習い事で検討してもらいたいのが「集団スポーツ」です。パフォーマー気質の子は、概して、人と関わることが好きです。人と遊ぶこと、人と一緒にいること、人に囲まれていることが大好きなのです。体を動かしたい、人と関わりたい、この2つの欲求を同時に満たしてくれる活動が集団スポーツです。

パフォーマー気質の子どもが、サッカー、野球、バスケットボール、バレーボール、ラグビー、チームダンス、チアリーディングなどの集団スポーツに取り組むと、技能を人一倍早く身につけられます。さらに、将来、社会で活躍するために欠かせない「非認知能力」を一気に伸ばすことができます。

たとえば、チャレンジ精神、やり抜く力、メンタルタフネス、ユーモア、リーダーシップ、コミュニケーション力などの非認知能力は社会で成功するために不可欠ですが、勉強のように点数や偏差値で評価することが難しく、子育ての中で最も見落とされている領域です。

非認知能力の多くは「周囲の人との関わり」で発達します。家の中で、一人で机に向かって勉強しているだけでは身につけることができないのです。周りの人と協力して目標を達成したり、仲間と励まし合って努力したり、挫折や失敗をチームメイトと一緒に乗り越える。そんな「仲間と切磋琢磨する経験」によって非認知能力の多くは養われていきます。

パフォーマー気質の子どもの優れた特性である「行動力」をポジティブに活かすには、集団スポーツに参加させて非認知能力を高めてあげるのが手っ取り早いです。集団スポーツというルールがある活動に取り組む中で、（パフォーマー気質の子が苦手とする）自制心や忍耐力も鍛えられるという嬉しいおまけもついてきます。

集団スポーツでは、どれだけ子どもに実力があっても、周囲とコミュニケーションを取らなければチームとしてまとまりを欠き、試合で勝つことはできません。仲間と意思疎通を密にし、互いに良い面を活かし、悪い面を補い合う。チームが一丸となって勝利に向かっていくプロセスを体験することによって、皆で力を合わせることの大切さを実感できるのです。

集団スポーツに参加することで、持ち前の「演出力」を発揮してチームを1つにまとめたり、チームのムードメーカーになるなど、周りを引っ張っていくリーダーシップを養うこともできます。

もちろん勉強も大切ですが、特にパフォーマー気質の子どもには、**「勉強3：習い事7」くらいのバランスで「課外活動に取り組む時間を多く」作ってあげてください**。習い事の時間が勉強時間よりも長くてよいのです。課外活動を思い切りやらせてあげれば、（少しくらい勉強を詰め込んでも）子どもの「行動力」が減ってしまう心配はありません。さらに、スポーツを通して非認知能力が育てば、勉強にも粘り強く向き合う力が養われていきます。

29 パフォーマー気質の子どもの「学力」の伸ばし方

パフォーマー気質の子どもは好奇心が強く、人と違う発想を持っているという特徴があります。この好奇心や発想力のベクトルを学問分野に向かわせることで「勉強へのやる気」を一気に高めることができます。パフォーマー気質の子どもの関心を学問分野に引き寄せるポイントは次の3つです。

① 野外活動で「好奇心」を刺激する
② 家庭で討論する機会を増やし言語表現力を伸ばす
③ 異文化体験をさせ英語（外国語）に関心を持たせる

野外活動で「好奇心」をくすぐる

魚釣り、虫取り、天体観察、動物とのふれ合い、化石発掘体験、砂金取り体験など、野外での体験機会を多く作ることで、パフォーマー気質の子どもの「好奇心」を刺激することができます。

野外活動や自然相手の活動は「自分の思い通りにならないこと」ばかりです。どれだけ準備しても正解にたどり着くとは限らない**「答えのない問題」に取り組むことが、好奇心をくすぐる**のです。

たとえば魚釣りに行くと、仕掛けやエサを綿密に準備しても、一匹も魚が釣れないことが多々あります。この経験を通して子どもは「どうしたら魚が釣れるのか？」を考えるようになります。

エサや仕掛けを変えてみる、釣る時間を変えてみる、釣る場所を変えてみる、釣り方を変えてみる、そんなトライ・アンド・エラーを繰り返す中で知識と技術を向上させ、成功に近づいていくことができます。

さらに、魚釣りを極めたいという気持ちから、魚の生態（どんな場所にすみ、どんなエサを食べ、どんな行動をするのか）について勉強したり、自然の仕組み（川や海の地形、潮流、気候の影響など）についての見識を深めるなど、ごく自然に「生物学」「環境学」「気象学」などへ関心が向くわけです。

また、昆虫採集をしたり、古墳や遺跡などの発掘体験をしたり、砂金取り体験をしたり、鍾乳洞や洞窟で鉱石や宝石探しをするなど「ハンティング系の野外活動」もおすすめです。パフォーマー気質の子どもはこのような「宝探し」に夢中になることが多いのです。夢中で昆虫や砂金や宝石を探す中で、集中力や観察力が培われることはもちろん、昆虫や地質や鉱石についての知識が身につきます。

正解のない自然を相手にすることで、自分で考え、予測して、未来を切り開いていく力が無理なく育つのです。

最近は自然体験キャンプや山村留学体験キャンプなど、親元を離れ、集団生活が体験できるプログラムが増えてきました。長期休暇中に子どもを遊ばせておくだけではもったいない。小学校高学年からは長期休暇を利用して、子どもを一回り成長させる自然体験キャンプへの参加を検討してみてはいかがでしょうか？

いつもの学校とは異なる仲間たちとの共同生活を体験できる自然体験キャンプは、好奇心を刺激し、コミュニケーションスキルを伸ばし、行動力や演出力をさらに高める絶好のチャンスです。

家庭内のディベートで「言語表現力」が伸びる【トピック集付き】

パフォーマー気質の子どもとの日常会話でおすすめなのが「オープン・エンドの質問」です。「ＹＥＳ・ＮＯ」で答えられる問いを「クローズド・エンド」、「ＹＥＳ・ＮＯ」で答えられない問いを「オープン・エンド」と呼びます。パフォーマー気質の子どもが食いついてくるのは、正しい答えがなく、ユニークな思考が求められるオープン・エンドの問いです。

「今日学校楽しかった？」という質問は「ＹＥＳ・ＮＯ」で答えられるのでクローズド・エンドです。話が「うん！」「べつに」だけで終わってしまいます。

一方で、「今日先生の話の中で一番面白かったことを教えてもらえる？」「休み時間の一番楽しい過ごし方を教えてくれる？」「今日一番笑った話を教えてもらえる？」という質問をすると、子どもは記憶を呼び起こし、自分の思考を言葉に置き換えて説明してくれます。

ポイントは「楽しい話」「ポジティブな話」を振ることです。「学校で嫌だったことはある？」「悲しかったことを話してくれる」というネガティブな話題を振ると、子どもは話したくなくなります。

ポジティブなオープン・エンドの質問を実践すると、親子の会話が弾み、コミュニケーションを楽しみながら思考、言語、知識を深めていくことができます。

「電気がなくなって一番困ることは何だろう？」「犬を見たことがない人に犬を説明できる？」など、**答えのない質問は子どものユニークな発想を鍛えると同時に、自分の好き嫌いや価値観を発見するきっかけになります。**

親子でディベートをしてみるのもおすすめです。その日のニュースや新聞記事などから子どもが興味を持ちそうなトピックを見つけて、親子で「賛成」「反対」に分かれて討論をするのです。

たとえば「プログラミングの教科化についてどう思う？」という議題で討論をしてみます。まずはそのトピックについて子どもに説明します。子どもが「勉強する教科が増えるから反対」と言えば、親は「世界中でコンピューター化が進んでいるから賛成！」と逆の立場から反論してください。

最初は子どもが選んだ立場で立論できるように練習させてください。子どもがディベートに慣れてきたら、自分の考えとは反対の立場でも議論させてみましょう。話す力はもちろんですが、**論理的思**

考力やクリティカルシンキングが爆発的に伸びます。

討論を通して自分の考えを自分の言葉で伝える能力が発達してくると、自分を客観視できるようになり、「衝動性」が抑えられます。その結果、しっかり考えて行動できる子へと成長していくのです。「どんなテーマを選べばいいのか悩んでしまう！」という方のために、簡単なトピック集をご紹介します。ぜひ、親子でチャレンジしてみてください！

【今日から親子で実践！ ディベートトピック集】

・スマートフォンの学校での使用は許可するべきだ
・学校へのゲームの持ち込みは禁止すべきだ
・生徒の髪形（色）は自由にすべきだ
・制服はなくすべきだ
・小学生のランドセルは禁止すべきだ
・子どもが犯罪を起こしたら親も罰せられるべきだ
・友だちがカンニングをしているのを見たら先生に言うべきだ
・学校に監視カメラをつけるべきだ

・男子校、女子校はなくすべきだ
・学校の成績に応じて小遣いを決めるべきだ
・テレビゲームやスマートフォンを使う時間は制限すべきだ
・いじめはいじめた側が罰せられるべきだ
・生徒も先生に成績をつけるべきだ
・動物実験はなくすべきだ
・原子力発電所はなくすべきだ
・お金で幸せは買えるか？
・死後の世界はあるか？
・コンピューターは先生の代わりになるか？
・勉強と部活、どっちが大切か？
・お金と夢、どっちが大切か？

異文化体験は「英語好き」の近道

社交的なパフォーマー気質の子どもは物おじせずに人と関わることができます。言語力にも長けています。この2つの特性を活かせる学問領域は「英語」です。

今は日本で暮らしていても外国人とふれ合うチャンス、異文化を経験する場はいくらでもあります。外国人とコミュニケーションする機会を作ることで、「英語」に関心が向くかもしれません。

インバウンドの取り組みに熱心な自治体には「異文化交流」や「国際交流」を促進する部署があるはずです。海外の市町村と姉妹都市を締結している自治体も多くあります。自治体国際化協会(CLAIR)のウェブサイトでは、地方自治体の姉妹都市提携状況を見ることができます。お住まいの市町村名を調べれば、どの海外の都市と交流関係にあるのかわかります。

このような自治体の国際交流プログラムを活用すれば、日本にいながら、地域に住む外国人と交流したり、外国人を自宅に数日間ホームステイさせて交流を深めたりする機会を作ることができます。たとえば札幌市は、市民レベルの国際交流を推進するためにホームステイ制度を設けています。国際交流を目的に外国から訪問してくる人を家庭に迎え、家族ぐるみの交流を行うものです。

このような異文化体験の場を作ることで、子どもは国際性を身につけることができます。さらに、**もっと英語で話をしてみたい、もっと外国について知りたいという好奇心が刺激され、英語に本気で向き合うきっかけになる**ことが期待できます。

ホストファミリーになれば自然と「国際感覚」が磨かれる

日本にいながら国際感覚を養えるもう1つの方法があります。外国人留学生にホームステイをしてもらうのです。子どもが異文化や英語に興味を持ったら、さらに関心を高めるために長期間の「ホストファミリー」を検討しましょう。異文化圏からやって来た外国人留学生と生活を共にする経験は、子どもにとってはもちろん、家族全員にとっても英語力と国際感覚を養う絶好のチャンスです。

ＡＦＳは高校生の交換留学を主な活動とした国際教育交流団体です。留学生は世界の50ケ国から来日します。国籍にかかわらず誰もが英語を話すことができます。留学生の受け入れ期間は1週間から1年まで。ホストファミリーはボランティアですから協会からの金銭支援はありません。

ＡＦＳのウェブサイト（afs.or.jp）には、ホストファミリーの条件、アドバイス、体験談など、たくさんのサポート情報が掲載されています。それらを参考に外国人留学生を受け入れる不安や疑問を一つひとつ解消していき、ホストファミリーになることを前向きに考えてみましょう。

家が狭いから、マンション暮らしだから、誰も英語が話せないから、子どもがまだ小さいからと、ホストファミリーをあきらめる必要はありません。留学生は、飾らない日常の日本の生活や習慣や文化を体験してみたいのです。地域のお祭りやイベントに参加したり、一緒にスポーツをしたり、海や山やプールで遊んだり、そんなごく普通の日常生活が留学生にとっては貴重な体験となります。

30 パフォーマー気質の子どもの「習い事」の選び方

パフォーマー気質の子どもの習い事選びのキーワードは「集団活動」です。活発で物おじしないパフォーマー気質の子どもの習い事は「集団活動」から見ていくと、ベストマッチにたどり着く可能性が高まります。パフォーマー気質の子どもの習い事選びのポイントは次の3つです。

① 「集団スポーツ」から1つ選ぶ

② ダンスやミュージカルなど「表現系の集団活動」を紹介する

③ 子どもによっては落語、漫才、コントなどの「話芸」にハマるかも

「集団スポーツ」から1つ選ぶ

パフォーマー気質の子どもの習い事選びでまず考えてもらいたいのが「集団スポーツ」です。集団スポーツを通して「非認知能力」を一気に伸ばすことができます。非認知能力がついてくると、勉強面への「やる気」が増すことはもちろん、協調性、リーダーシップ、粘り強さなども身につきますから、将来のキャリア形成や人生設計にもプラスの影響をもたらしてくれます。

ここで、第2章で行った「わが子にベストマッチの習い事」をもう一度見てみましょう。子どもの気質から、「2つのスポーツ」を選んでいるはずです(54ページ参照)。それらをここに書き出してみましょう。

p.54参照

スポーツ1:

スポーツ2:

【パフォーマー気質の子どもにおすすめのスポーツ】

サッカー、野球、ソフトボール、バレーボール、バスケットボール、ハンドボール、ラグビー、ドッジボール、水球、ラクロス、ホッケー、アイスホッケー、カーリング、ボート競技、チームダンス、チアリーディングなどパフォーマー気質の子どもは、概して活発で運動能力が高いため、どんなスポーツに取り組んでも上達する可能性があります。しかし、非認知能力を鍛え、スポーツで培った経験を将来につなげていくためには、**何か1つ「集団スポーツ」に参加する**ことを強くおすすめします。

今取り組んでいる集団スポーツ、あるいは、これから取り組ませたい集団スポーツが子どもに合っているのか、27ページに書き出した「身体能力的素質」と「習い事探しの3つの視点（42ページ参照）」を考慮しながら、もう一度見直してみましょう。

集団スポーツ選びの成功率を高めるためには、**（1）子どもがどんな分野の集団スポーツに向いているのか、（2）どんなポジションに向いているのか**、の2つの視点から想像力を働かせることが大切です。

走るのが好きな子であっても「速く走るのが得意」なのか「長く走るのが得意」なのかによって選ぶスポーツやポジションが変わってきます。球技が好きという子でも「蹴る／打つ」「投げる」「キャッチする」のどの分野が得意なのかによって選択するスポーツやポジションが変わります。

チームスポーツでは、オフェンス（攻撃）とディフェンス（守り）にポジションが分かれます。子どもの気質がどちらでより発揮できるのか、親目線で構いませんので、ある程度見極めてください。

わが子にはサッカーが向いていると思うのであれば、どのポジションで、どんな選手（プロ選手などをお手本にして）を目指すのか、わが子の姿と重ね合わせてイメージしてみましょう。キック力がある、ドリブルがうまい、体が強い、ボールへの反応が速いなど、子どもの「強みの芽」を見つけたら、その部分を強化してください。

どんな集団スポーツ（ポジション）を選ぶにせよ、**習い事を成功させるカギは「長く続けること」**です。子どもの気質（性格）と身体能力的素質（運動能力）を見極めて、子どもが本気で打ち込めるスポーツ、学生時代を通して、さらに言えば、一生続けられるスポーツを見つけてあげられるように、親子で意見交換をしながら決めましょう。もちろん子どもがやりたいスポーツがあれば、それを優先してください（集団スポーツでは親のサポートも重要なので、親の意見も重要です）。

習い事は「複数」がおすすめ

アメリカでは、テニス（個人スポーツ）とバスケットボール（集団スポーツ）というように、子どもに複数のスポーツを経験させるのが一般的です。また、スポーツとミュージカル（舞台芸術）、スポーツと楽器演奏というように、全くタイプの異なる分野の複数の習い事に取り組ませる家庭も多いです。

「いくつも習い事を詰め込むなんて、かわいそう！」と思うかもしれませんが、子どものメンタルタフネスやタイムマネージメントを鍛えるには**「複数の習い事」に参加させるのが一番**だと考えられているのです。また、学校の友だち、スポーツの友だち、ダンスの友だち、音楽の友だちなど、習い事ごとに異なるタイプの集団と交流することができますね。

パフォーマー気質の子どもは活発ですから、複数の習い事に参加しても大丈夫です！もし（時間と経済的に）可能であれば、集団スポーツに加えて、ダンス、ミュージカル、合唱などの舞台芸術も習い事の選択肢に加えることをおすすめします。

ダンスなど「表現系の集団活動」も選択肢に

パフォーマー気質の子どもは、その名の通り、人を喜ばせること、人を楽しませること、体で表現することが大好きです。集団スポーツ以外の習い事選びでは、チームダンス、チアリーディング、伝統芸能（神楽など）、ミュージカルなど、「表現系の集団活動」を選択肢に入れるとよいでしょう。

リズムに合わせて自然と体が動く。そんな子にはチームダンス、チアリーディングなどを紹介してあげるとハマるかもしれません。今は日本中のどの都市にも子ども向けのダンススクールがあります。バレエ、ジャズダンス、タップダンス、フラダンス、アクロバットダンス、ブレイクダンスなど、さまざまなダンスを子どもに紹介してあげましょう。YouTubeなどで動画を見せて、ダンスの種類を教えてあげた上で、興味がありそうな分野のダンスを体験するのもおすすめです。

ダンスは運動神経がいいからといってすぐにうまく踊れるものではありません。根気強く日々の練習を重ねることで少しずつ上達していきます。また、チームダンスでは、たとえ自分がうまく踊れていたとしても、仲間との息が合わなければチームとしてまとまりを欠いてしまいます。そのため、周りと助け合ったり、**励まし合ったりする協調力、コミュニケーション力、そして忍耐力**が高度に鍛えられるのです。

ダンスを通して子どもは「日々の努力がいかに大切か」を学ぶことができます。そして、発表会やコンクールで仲間と最高の瞬間を過ごす経験は、大きな達成感と感動を生み出し、生涯忘れられないポジティブな思い出として、子どもの自信を下支えしてくれることでしょう。

音楽が好きな子には「ミュージカル」もピッタリ

目立ちたがり屋で、周りを笑わせたり、喜ばせるのが好き、人と関わるのが好き、歌を歌うのが好きという子には「ミュージカル」を紹介してあげると秘めていた能力が開花するかもしれません。

ミュージカルは、歌、ダンス、演技（セリフ）の3つの技能を組み合わせて作り上げる舞台芸術です。笑いあり、涙あり、興奮あり、感動あり、心を揺さぶられる舞台を、体全体を使って表現するミュージカルはパフォーマー気質の子どもにピッタリの習い事です。

年齢や性別が異なる仲間たち（さらに舞台監督や裏方さんなど大人との関わりも多い）と1つの舞台を作り上げていくプロセス、ステージに立ってスポットライトを浴びながら、たくさんの人前で思い切り演劇を披露する経験は、子どもにとって生涯忘れられない貴重な体験となるはずです。

子どもの関心をダンスやミュージカルに向けるには、**キッズダンスや子どもミュージカルなどを鑑賞する機会を作ってあげる**とよいでしょう。同年代の子どもたちが舞台の上でピカピカに輝いている姿に、きっと大きな刺激を受けるはずです。

もちろん大人が演じるダンスやミュージカルを見せてあげても構いません。「カッコいい！」「自分もやってみたい！」とパフォーミングアーツ（舞台芸術）への関心が高まることでしょう。

「ミュージカルが子どもに役立つことはわかった。でも本格的にやらせるのは少し不安……」という方のために、1日単位で気軽に参加できる子ども向けの演劇ワークショップが多く開催されています。そのような機会を利用して、体を使って表現すること、演じることの楽しさを経験させることから始めてみましょう。きっと子どもは「新たな自分」を発見できるはずです。

落語、漫才、コントなどの話芸も得意

人を笑わせるのが好き、冗談を言って周りを楽しませるのが好きという子には、落語、漫才、コントなどの「話芸」を紹介してみるのもよいかもしれません。

落語は高度な話芸で、座布団の上に座り、一人で何役も演じ、さらには限られた身振り手振りと小道具だけで世界観を作り出す舞台芸術です。やってみると、実は子どもの方がストーリーを覚えるのも、話し方をマネるのも得意です。

話芸を習うプロセスで、単にストーリーや動きを覚えるだけでなく、この人物はどんな性格だろう、どんな環境で育ったのだろう、どんな表情や仕草をするのだろう、どんな言葉遣いやアクセントで話すのだろうと、想像力を働かせる習慣も身につきます。

その結果、言葉や文章に対する感性が磨かれ、より深く、多面的にテキストを読み込む**「読解力」が向上します**。読解力は学力の土台となる大切な力です。

今は全国で子ども寄席や子ども落語などの「見る」イベント、そして、子どもが落語を学べる教室やワークショップなど「参加する」イベントが開催されています。まずは子どもと一緒に寄席に行って、落語や演芸を体験してみることをおすすめします。

また、漫才も優れた教育ツールとして注目されています。松竹芸能は2012年より「笑い」と「教育」をかけ合わせた「笑育(わらいく)」メソッドの開発に取り組んでいます。漫才作りをカリキュラム化することで、コミュニケーション力やプレゼンテーション力など、これからの時代に求められる能力を育てようという試みです。漫才のネタ作りには斬新な発想や表現力はもちろん、語彙力、物事を論理的に伝える力、コンビの互いの良さを引き出す力など、複合的な力が必要です。

「ユーモアのセンスがある子」は成功する可能性が高い！

トルコのアナドル大学の研究グループは、200人以上の子どもを対象に、マンガに面白いキャプションを入れてもらう実験を行いました。その結果、ユーモアにあふれていた子どもは、一般的な知識が豊富で、言語の推論力が高いことがわかりました。

ミシガン州立大学が行った研究では、「優れたユーモアセンスの持ち主は、高い創造性、情緒の安定、現実把握力、そして大きな自尊心（Self-esteem）を持つ傾向がある」ことがわかっています。

リーダーシップ論の権威、ジョン・マクスウェル博士は次のように語っています。

「人生や自分自身を笑い飛ばせる人は、それができない人よりも、はるかにストレスの少ない人生を歩むことができる。あなたが優れたユーモアセンスを持っているなら、ユーモアセンスを持たない人よりも出世の階段を早く上れるだけでなく、そのプロセスを楽しむこともできるだろう。ユーモアセンスは、あなたと他者との人間関係を円滑にし、チームワークを強化し、チームの生産性向上にも貢献するので、結局はあなたの業績も上がるのである」

パフォーマー気質の子どもは、将来、どんな道を目指そうとも大成功する可能性を秘めています。

親の仕事は子どもの良い部分（行動力、社交性、ユーモアなど）を伸ばしてくれるベストマッチの習い事を見つけることです。

31 パフォーマー気質の子どもの「学校」「職業」の選び方

パフォーマー気質の子どもは「行動的」です。座学で学ぶよりも、自ら行動して、経験から学ぶスタイルが合っています。また周囲の人との関わりの中で知識や技能を身につけることができるのも特徴です。学校選び、そして、将来の職業選択においてもこれらのポイントを押さえておくことが大切です。活発で体を動かすこと、人と関わることが大好きなパフォーマー気質の子どもの学校選び・職業選択のポイントは次の通りです。

① 保育園・幼稚園は「主体性を重視」で選ぶ

② 小学校はアクティブラーニングを実践する学校がおすすめ

③ 中学は「行動力のベクトルに合う学校」や全寮制学校を選ぶ

④ コンサル業、CA、記者、弁護士……行動力を発揮できる職種が向いている

保育園・幼稚園は「主体性を重視」で選ぶ

3章でもふれたように、幼い子どもは好奇心旺盛です。中でも特に活発なパフォーマー気質の子どものやる気を育てるには「自分の意欲でやったことができた！」という成功体験が重要です。活発な子どもには「活発さ」を伸ばせる環境を用意してあげましょう。たとえば「走り回りたい！」というのは、多くのパフォーマー気質の子どもにとって自然な欲求です。でもデパートでは走り回ることはできませんね。それならば、代わりに公園や運動場に連れていき、思い切り走らせてあげればよいのです。

パフォーマー気質の子どもの保育園・幼稚園選びでは、子どもが注意されたり、怒られたりすることなく、かつ、安全な環境の中で思い切り活動できるところであることが重要です。具体的には**「自由保育」や「モンテッソーリ」など、子どもの自主性を尊重し、自由度の高い環境作りを重視している園から探すとよい**でしょう。

たとえば、東京都立川市にある「ふじようちえん」の園舎はドーナッツ形になっていて、子どもたちは屋上で歓声を上げながら自由にぐるぐる走り回ることができます。このような環境に入れてあげれば、子どもは自分のやりたい行動を十分にやり切ることができます。ふじようちえんの子どもたちは1日平均5〜7キロメートル移動するといいますから、子どもの持つエネルギーには驚かされます。

パフォーマー気質の子どもは「遊び」の中で社会で必要な技能、たとえばコミュニケーションスキルや忍耐力を身につけていきます。また多様な遊びを通して自分は何が好きで、何に興味があるのかを見つけることができます。行動的なパフォーマー気質の子どもの特性を伸ばすには、**いろいろな遊びが用意されていて、自由に遊べる環境が好ましい**といえます。砂遊び、遊具遊び、工作、お絵描き、おままごと、ダンスなど、子どもが自分の意欲でやりたいことが思い切りできる環境を提供してくれる保育園・幼稚園を見つけてあげましょう。

5歳までは、読み書き・計算を「遊び」で身につける

保育園・幼稚園で自由に遊んでばかりだと、小学校に上がった時に勉強面で困るのでは？と不安に思う方が多いと思います。もちろん完全自由保育の幼稚園に通わせていても、最低限の学習準備については「家庭の責任」で行うことが重要です。小学校への準備として家庭では「読み書き・計算」に取り組んでください。

ただパフォーマー気質の子どもに教科書で教え込もうとすると逃げていくことが多いので教え方には要注意です。基本は「遊びで教える」と覚えておいてください。**文字ゲーム、文字カード、文字パ**

ズルで遊ぶ。トランプ、数字ゲーム、サイコロ、すごろくなどで遊ぶ、というように「遊びの延長」として読み書き・計算を教えてあげてください。

パフォーマー気質の子どもは「興味あることについて」は行動力を発揮します。昆虫に興味があるのでしたら、昆虫図鑑や昆虫の本（マンガでもＯＫ）を買ってあげれば、親が本を読みなさいと強制しなくても、子どもが自分で本のページをめくりながら、文字の読み方まで学習してくれます。

バスケットボールや野球が好きな子でしたらバスケットボールや野球のマンガを置いておくと、子どもが自分で手に取って読むようになります。「マンガは勉強にならない！」と思っている親が多いですが、マンガは大変優れた日本語の教材です。事実、日本のマンガ（アニメ）が大好きで、マンガを読むことで日本語を身につけたという外国人はたくさんいます。

さらにパソコンやタブレットで使える文字や算数の学習アプリを活用すれば「ゲーム感覚」で小学校の勉強で必要とされる基礎技能を身につけていくことができます。

子どもの行動力を勉強にも応用できるように、ゲーム、マンガ、アプリなどの「遊び」を上手に取り入れてみましょう。

小学校は「アクティブラーニング」を実践する学校がおすすめ

日本の小学校の教室は、黒板に向かって並べられた机に児童が座り、全員が同じ方向を向いて先生の授業を聞くというスタイルが一般的です。しかしアメリカやヨーロッパには、決まった机の配置がなく、黒板も教壇もない、そんな教室が普通に存在します。

たとえばイギリスの小学校は5～6人で1つの大きなテーブルを共有する「グループワーク」スタイルが一般的です。日本でも「班活動」の時に机を向かい合わせにしますが、それと同じように児童同士が向かい合って座るスタイルです。

アメリカの小学校も「グループワーク」スタイルが一般的ですが、さらに自由度が高いです。児童の座る場所が決まっていないことも多く、児童は自由に勉強する場所を選ぶことができます。

アメリカやイギリスの学校はなぜ「グループワーク」スタイルなのか？

その理由は「アクティブラーニング」を実践しているからです。

アクティブラーニングとは、先生が教壇に立って一方的に講義をするのではなく、児童たちが活発な議論を通して気づきと理解を深めていく学習スタイルです。アクティブラーニングにおける先生の仕事は児童に「質問」することです。「なぜそう考えるのか？」「意見か、事実か？」と児童に繰り返し質問します。児童は常に頭をフル活動させて自分なりの答えを導き出さなければなりません。

人との関わりの中で学びを深めていくパフォーマー気質の子どもに合っているのが、このアクティブラーニングを取り入れている小学校です。もちろん小学校を選択できればという前提ですが、もし可能であれば、欧米のアクティブラーニングのように**「グループ単位での活動機会が多い小学校」**を選ぶと、子どもの特性を伸ばしやすいでしょう。

グローバル化によって、日本にも「アクティブラーニング」や「STEAM」など、世界標準の教育を取り入れる学校が増えてきました。児童の主体性を重視し、グループ単位で課題に取り組む。そんな小学校の環境が活発なパフォーマー気質の子どもの能力を引き出し、伸ばしてくれるはずです。

中学からは「行動力のベクトルに合う学校」や全寮制学校を選ぶ

中学からはパフォーマー気質の子どもにベストマッチの学校が見つけやすくなります。子どもの「行動力」がどんな分野で発揮できるのか？ その方向性に合った中学・高校を選ぶことが大切です。学区内の公立中学の他にも私立中学、国立中学、全寮制中学など、選択肢の幅を広げましょう。

本気でスポーツに取り組んでいる子でしたら、全国レベルで活躍する運動部が多くあり、さらに、寮が完備されている環境を選ぶと技能に磨きをかけることができます。

前述した「アクティブラーニング」を多く取り入れている学校（芝浦工業大学附属中学校や田園調布

学園中等部など）も含めて、多様な選択肢から子どもの特性に合った学校を親子で探しましょう。

人との関わりの中で学ぶ能力が高いパフォーマー気質の子どもは「全寮制学校／ボーディングスクール」も選択肢に入れるとよいでしょう。少子化、核家族化、共働きが当たり前になった現代社会では、親が子育て全般を担うというこれまでの価値観から、子どもの教育はプロに託すという流れが主流になりつつあります。

全寮制学校の優れている点は、同年代の仲間と共同生活を送る中で、社会経験が積めることです。身の回りのことは全て自分で行い、自らの生活をより快適で楽しいものにしていく。このプロセスは、実社会の中で自立するためのトレーニングになります。寮生活で自分に集中する時間が増えることで、スポーツや音楽など「打ち込んでいること」に使える時間が増えるのも利点です。

鹿児島県のラ・サール中学校・高等学校、三重県の桜丘中学校・高等学校、長崎県の青雲中学校・高等学校、岡山県の岡山中学校・高等学校、北海道の北嶺中学校・高等学校、千葉県の暁星国際中学校・高等学校、長野県の佐久長聖中学校・高等学校など、全国に寮を完備した学校がありますので、興味がある方は調べてみてください。

ティーンエイジャーという多感な時期に、同年代の仲間と共同生活を送ることで、生涯の友に出会うことができるでしょう。さらに、寮生活を通して「自分を律する力」や「自己管理力」が伸びることも期待できますから、ピッタリの環境といえそうです。

コンサル業、CA、記者、弁護士…行動力を発揮できる職種が向いている

パフォーマー気質の子どもは「行動力」と「演出力」があります。行動力はあらゆる職業に必要ですが、特に強く求められるのが、**営業職、商社マン、接客業、コンサルティング業、客室乗務員（CA）**など人と関わる機会が多い職業です。また、**カメラマン、報道記者、新聞記者、スポーツライター、ジャーナリスト、編集者**などフットワークの軽さが要求される職業にも向いています。行動力と言語運用能力をフルに活かして、**政治家、弁護士、起業**などの道を目指す選択肢もあります。

さらに、持ち前の「行動力」で日本を飛び出し、世界へ活躍の場を広げられる可能性も高いです。パフォーマー気質の子どもには、たとえ言語力（英語力）が弱くても、短期間で海外の環境に適応し、現地の人たちと友だちになれてしまう、不思議な魅力があるのです。

パフォーマー気質の人は物おじしませんから、英語の発音が少し悪くても、文法が間違っていても、積極的に英語で自分を表現することができます。この「演出力」で信頼できる仲間もすぐに作ることができますから、海外で活躍できる可能性も高いのです。

私は長らくアメリカで学習塾を経営しており経験としてわかりますが、アメリカの学校に最もスムーズに適応できる子は「パフォーマー気質」です。パフォーマー気質の子どもの「良い特性」を子

ども時代に大きく伸ばしてあげると、将来、世界で大活躍できるたくましい人材に成長していきます。

第9章

共感者気質は「コミュ力」で伸びる！

17ページで確認したわが子の「強い気質タイプ」別にベストマッチのアプローチを考えていきます。「天才気質」「研究者気質」「商人気質」「パフォーマー気質」「共感者気質」の5つのうち、9章では「共感者気質」にフォーカスします。

「5つの気質」は、全ての子どもに備わっています。気質の「強い・弱い」のレベルが子どもによって異なるだけなので、お子さんと相性が良いものがあればぜひ取り入れてみてください。もちろん、「強い気質タイプ」から優先してチャレンジいただく形もおすすめです！

32 コミュニケーション力は「3つのポイント」で伸びる！

人に関心がある、人と関わることが好き、人から好かれる、そんな共感者気質の子どもを伸ばすキーワードは「コミュニケーション力」です。これを大きく伸ばすことで、将来、あらゆる集団社会や組織の人間関係を円滑にし、人々をまとめるリーダーとして、幅広い分野で活躍していくことが期待できます。

共感者気質の子どもを伸ばすポイントは次の3つです。

①「雑談」で、家族のコミュニケーションを増やす
②「自分らしさ」を家庭で確立させる
③「大人の会話」に子どもを交ぜる

「コミュ力」は学力と同じくらい大切

２０１８年に経団連が実施した「新卒採用に関するアンケート調査」によると、採用担当者が選考で最も重視した技能は「コミュニケーション力」でした。２０２３年に「LinkedIn（リンクトイン）」が発表した「日本で最も需要の高いスキル」ランキングによると、1位は「営業力」、2位は「英語力」で、どちらも「コミュニケーション」に関わるスキルでした。

子どもが社会に出た時、一番強く求められるスキルは「コミュニケーション力」なのです。一方で、「人づき合いの方法」や「良い人間関係の作り方」や「異文化理解」などを子どもに教えない家庭が多いです。勉強の指導には熱心でも、コミュニケーションは教えない。人づき合いの方法を教えなくても学校や習い事に通っていれば自然に身につく、そう考えているのかもしれません。

しかし、実際には、コミュニケーション力は「技術」です。科学的に根拠があるやり方を学ぶことで、高度に伸ばすことができます。さらに、もともと人と関わることが得意な共感者気質の子どもにコミュニケーションの技術を教えれば「達人レベル」まで上達します。

この数十年で日本社会もすっかり変わり、外国人観光客や労働者が増えました。育ってきた地域や文化、世代や性別によって違った価値観があってもいいではないか、もっと多様な生き方を認め合う社会を実現すべきだ、という流れ（ダイバーシティ）も出てきています。

これから先もこの流れは加速していくでしょう。どんな地域に住んでいても、将来どんな仕事に就こうとも関係ありません。コミュニケーション力がなければ意思疎通ができない、良い人間関係を作れない、就職や仕事がスムーズにいかないなど、多くの弊害が生まれます。

子どもの人生の選択肢を広げ、日々の生活を豊かで楽しいものにするには、いつ・どんな環境になっても、周囲の人たちと良い関係を構築するコミュニケーション力が不可欠です。コミュニケーションは勉強と同じくらい大切な「基本的生活スキル」なのです。といっても、難しく考える必要はありません。親が子どもの手本となって人づき合いのルールを教えてあげればいいのです。

たとえば、**「相手の目を見て笑顔であいさつする」**。

世界では、笑顔は「自分は危ない人ではありません」「私はフレンドリーです」というアピールであり、コミュニケーションのやり方です。笑顔であいさつができない人はコミュニケーションの輪に入れてもらえません。輪に入れなければ、人間関係が作れません。笑顔一つできるかできないかで、人間関係、子どもの場合には人格形成にまで大きな影響が出てくるのです。

「雑談」で、家族のコミュニケーションを増やす

子どものコミュニケーション力を育てるスタートは家族関係です。子どもにとって「初めて出会う他人」である親やきょうだいとの関係が良好であれば、家族以外の人とも良好な関係を構築しやすくなります。まずは家庭において、親が次の3つのルールを実践し、コミュニケーションの大切さを子

どもに教えてあげましょう。

（1）笑顔であいさつする

（2）相手の目を見て話す

（3）相手の話をしっかり聞く

どれも当たり前ですが、きちんとできている子どもは意外と少ないのです。この3つを「親が」家庭で徹底するだけで子どものコミュニケーション力はみるみる伸びます。

反対に、気をつけてもらいたいのが、親が（子どもの前で）パートナーや知人の悪口を言ったり、バカにしたりすることです。子どもは親の行動から自分の行動規範を作りますから、子どもに悪い人づき合いの習慣が身についてしまいます。

子どものコミュニケーション力を育てる最高の場が「食卓」です。その日の出来事を話してもらい、親も身の回りのことや時事ニュースなどを子どもにわかりやすく話し、お互いに会話を楽しむ「楽しい雑談」でコミュニケーション力が飛躍的に伸びるのです。

家族の雑談を通して子どもは「思いを言葉で伝える」訓練を積むことができます。思考を言語化するのは、言語が発達途上の子どもにとって簡単な作業ではありません。良好な親子関係を維持し、言葉でしっかりと気持ちを伝え合える関係を作ることが、コミュニケーション力を育てる入り口です。

「自分らしさ」を家庭で育てる3つの方法

他者への共感性の高さは、「察する文化」がある日本では非常に役立つ能力です。しかし、他者へ共感（協調）しすぎてしまうために「周りに流される」、あるいは、周りに遠慮して「自己主張できずにストレスをため込む」ということが起こりやすいマイナス面も持ち合わせています。

「個性を持つこと」と「他者に共感すること」は対立するものと思われがちですが、両者は両立できます。共感性というのは、自分らしさ（個性）を保ちながら他者に寄り添うことであり、自己を抑制して他者に従うことではありません。重要なのは、子育てをする親がこの違いを明確に「区別して」子どもに接することです。子どもの特性である「コミュニケーション力」は伸ばしつつ、必要な場面では自己主張できる。これを実現するためには、家庭で「考える力」を訓練することが大切です。

小さい頃から自分で考え、自分で答えを見つけ、自分の言葉で伝える経験を積み重ねると、自分は何が好きで、何を大切にし、どんな人生を歩みたいのか、自己理解が深まり、アイデンティティが明確になっていきます。すると、周りの考えや意見を尊重しながら、自分の生き方（価値観）も曲げずに追求していける、そんな絶妙なバランス感覚を持つ人材として成長していきます。

特に重要なのが親子のコミュニケーションです。

思考力が高い子どもが育つ家庭では、次のような「3つの習慣」があります。子どもは小さな時から「自分で考える癖」を身につけているのです。

（1）小さな選択をさせ、「YES・NO」を明確にさせる
（2）選択の際には、論理的に理由を考えさせる
（3）自分の本心と向き合って選択をさせる

このような「習慣」を親子の会話の中に上手に織り込むことで、子どもは自分なりの独立した考えを持つように育っていきます。その結果、「テレビやインターネットでこう言っているから」「権威のある人がそう言っているから」「頭の良い友だちが言っているから」などではなく、事実や根拠に基づいて、自分の意思で物事を決め、周囲と良い関係を保ちながら、自分らしい人生を切り開いていくことが可能になるのです。

「大人の会話」に子どもを交ぜる

「大人の話に口を出さないの！」「子どもは子ども同士で遊んでいなさい！」

お盆やお正月などに親戚が一堂に会する時、大人は大人、子どもは子ども、そう分けるものだと思っていませんか？

共感者気質の子どもは大人の話に興味津々です。でも大人が「子どもに聞かれたくない」「話の内容を理解できないだろう」と子どもを遠ざけると、多様な人とコミュニケーションする機会を失ってしまいます。子どもが大人と話せる場をもっと作りましょう。それだけでコミュニケーション力が飛躍的に向上します。

多人種、多民族、多文化国家であるアメリカでは、子どものコミュニケーション力の育成は子育ての中でも最重要課題と考えられています。コミュニケーションの方法を親が子どもに教えることはもちろん、子どもを取り巻く大人たちが先生となって「人づき合いの実践トレーニング」をする場面によく遭遇します。

たとえば子どもの誕生日パーティーで、大人と子どもが集まった時、大人が積極的に子どもに交ざって会話を楽しんでいます。

「こんにちはジョンさん、テニスの調子はどうですか？」と、まるで大人の友人と接するように小学生に声をかけます。子どもは大人から一人前に扱われると嬉しいのです。そして一人前の大人として会話しようと意識するようになります。

「まあまあです。あいにく先日の試合は負けてしまいましたが。次は勝てるようにがんばって練習しています。ベンおじさんはギターの腕前は上がりましたか？」なんて会話が、大人と子どもの間で交わされています。

子どもを「一人前扱い」してあげると自立心に火がつくのです。そして大人のように、論理的に言葉を積み上げてコミュニケーションを取ろうとします。すると本当に大人相手でも上手に会話が成立するようになっていくのです。

日本でも少し前までは「世代を超えた交流」がごく当たり前に行われていました。しかし、少子化により子どもの数が減り、都市化により地域社会とのつながりは薄れ、情報化によって人と直接会う機会が少なくなり、コロナ禍によって子どもたちが自由に遊べる場所が減ってしまいました。

現代社会では、親が「交流の場」を作ってあげなければなりません。友だちと遊べる場を作り、年齢を超えて交流できる習い事や大人と交流できる活動（町内会の仕事、町内の美化活動、お祭りや文化イベントなど）に参加させ、多様な交流が経験できる機会を持たせてあげましょう。

子どもは多様な人と関わることで、思考の幅を広げ、自分の可能性を高めることができます。

33 共感者気質の子どもの「学力」の伸ばし方

共感者気質の子どもは人への関心が強く、コミュニケーション力が高いとお伝えしました。この特性を学問分野に向かわせることで学力をスムーズに伸ばしていくことができます。共感者気質の子どもの関心を学問分野に引き寄せるポイントは次の3つです。

① 本の読み聞かせで「地頭」「国語力」を鍛える

② 「読み書き教育」で9歳の壁を乗り越える

③ 英語（外国語）に関心を持たせる

地頭の良さは「言語力」で決まる

よく「地頭が大切だ」という話を聞きますが、「地頭」とはそもそも何なのでしょうか。生まれつきの才能なのでしょうか？ それとも後天的に身につく力でしょうか？

日米で教育に関わってきた私の経験から申し上げますと、地頭が良い子どもの共通点は「言語力が高いこと」です。見聞きしたことを理解して、自分の中に落とし込むことができる。得た知識を再現したり、他のことに応用できる。言葉をキャッチする能力が高いほど、周囲の人とのコミュニケーションを通して、次々と新たな知識を獲得していくことができます。

また、地頭が良い人に共通する「問題解決能力の高さ」も言語力と関連しています。言葉（情報）を正しく理解し、分析し、問題の本質を見極める力が備わっていれば、学校の勉強やテストでミスが少なくなることはもちろん、日常生活のあらゆる場面において「賢い判断」ができるようになります。**地頭の良さは「言語力」で決まり、後天的に伸ばせる**のです。

もともとコミュニケーション力に長けている共感者気質の子どもの学力（地頭）を伸ばすには、「国語」にフォーカスすることが効果的です。国語力はあらゆる教科学習の土台となる大切な力です。国語力を伸ばせば、学校の勉強で苦労することの少ない子どもに育ちます。

国語力を鍛える最高の方法が「読み聞かせ」です。親が本を読んであげると、子どもはまるで映画を見ているかのようにストーリーをイメージできます。このイメージ化する訓練の積み重ねが、「見聞きした言葉を想像力を働かせて理解する力」へと発展していくのです。

子どもが自分で本を読めるようになると読み聞かせをやめてしまう親が多いですが、**読み聞かせは子どもが小学生になっても継続しましょう。**子どもは自分で本を読む時は「文字を読むこと」により多くのエネルギーを使いますが、親が読み聞かせをしてあげると安心してイメージの世界に浸ることができます。同じ本でも自分が読むのと、親に読んでもらうのでは「理解力」に差があるのです。

読み聞かせる本は、定番の絵本だけでなく、日本やアジアの昔話、グリム、イソップ、アンデルセンといった西洋の童話（寓話）など、幅広い分野を選びましょう。子どもはストーリーを通して世界の文化、歴史、価値観（多様性）にふれることができ、「考える力」が自然と伸びます。

さらに伝記や歴史上の人物の本など、世界の偉人たちの生きざまにふれられる本を読んであげることで、優れた人たちの思考パターンや哲学を「共有する」ことができます。共感者気質の子どもは、人への関心が強く、本の登場人物にも共感することができるため「本」から多くを学び取ることができるのです。

「9歳（10歳）の壁」は読み書き教育で乗り越える

一般に共感者気質の子どもは「口達者」です。発語が早く、語彙も豊富です。そのため、親が特別な国語教育は必要ないと錯覚することがあります。しかし、いくら会話力が豊かでも「読み書き」をきちんと家庭でサポートしてあげなければ、学力にはつながりません。

わかりやすい例が「バイリンガル」です。日英バイリンガルの子どもは流ちょうに英語を話すことができますが、英語を用いて勉強することは苦手なケースが多く見られます。

なぜバイリンガルの子は英語が流ちょうに話せるのに、学力不振に陥るのか？

その理由は家庭での「読み書き教育の欠如」です。バイリンガルの子どもを育てている親の多くは英語を母語としません。親が英語が得意でないから、子どもに英語の読み書きを教えることができないのです。その結果、家庭での読み書き教育が不足し、子どもの学習遅れが目立ってしまうのです。

日本でも子どもが小学4年生になると学校の勉強についていけなくなる「小4の壁」「9歳（10歳）の壁」と呼ばれる現象が起こっています。実は、**「9歳（10歳）の壁」の原因も「読み書き教育の欠如」**です。

学校の勉強のほとんどは「教科書を読むこと」で成立しています。十分に読書訓練を積まないまま学年が上がり、学習の難易度が高まることで、勉強についていけない子どもが急増するのです。

「9歳（10歳）の壁」を乗り越えるには、家庭において日本語の「読み書き」をサポートすることが不可欠です。学校に通っているだけでは満足な読み書き力は身につかないのです。今からご紹介する読む力と書く力の育て方を参考に、家庭でも「読み書き」をサポートしてあげましょう。

「簡単で短い本の多読」で読む力が育つ

読む力のサポートで最も効果的な方法が「簡単で短い本の多読」です。簡単な本をたくさん読むことで「速いスピードで読む力」がつきます。速いスピードといっても速読をするわけではありません。早口で音読できる程度のスピードで読み、かつ、理解できる、という意味です。

読書が苦手という子どもに共通するのが「本を読むスピードが遅いこと」です。読書スピードが遅いと、読んだそばから内容を忘れてしまいます。これでは、読書を楽しむことは難しいですね。

子どもが本嫌いで困っている、あるいは学校の勉強で苦労しているという場合は、今の学年から1～2学年レベルを下げて、**簡単な本を「毎日10分読む」**ことを日課にしてみてください。

最初は親が横について、子どもに本を「音読」してもらうとよいでしょう。読書力が低い子は、読み方がぎこちなく、読みミスが多いのですぐにわかります。上手に読めない場合は親が音読してあげてから子どもに同じ文章を読ませてみる。これだけで音読が上手になり、理解も深まります。

もう1つのポイントは、子どもが読む本について親がとやかく言わないことです。子どもの読書というと真面目な本、教育的な本を読まなければいけないと思う方もいるかもしれません。しかし、『かいけつゾロリ』シリーズ（ポプラ社）や『おしりたんてい』シリーズ（ポプラ社）のように、挿絵が多く、マンガの延長に思えるような本も立派な読書です。多読の目的は「読書スピードを上げて読解力を高めること」ですから、子どもが読んでくれるのであれば、どんな本を選んでも構いません（マンガでもOKです）。

活字を瞬時に読み取り、音声化し、意味を理解する。この一連の作業を同時に行うのが「読書」です。読書は子どもにとって集中力が必要な作業で、とても疲れるものなのです。せめて楽しみというモチベーションがなければ、多読を継続することは困難です。

子どもが読みたい本であれば、内容にかかわらず、どんどん読ませてあげてください。くれぐれも親の好みで難しすぎる内容、長すぎる本（ページ数が多すぎる）を与えないように注意してください。1〜2日で1冊読み終えることができる短い本が「1冊読み切った！」という成功体験につながりますから、多読には最適なのです。

「もしもクイズ」で、書く力が育つ

子どもが自分で（ストレスなく）本が読めるようになったら「書く訓練」をスタートします。書くことで子どもは自分の思考をまとめて、他者に伝える力を伸ばすことができます。また、よりわかりやすく読み手に伝えるために自分の思考を整理して、論理的に言葉を積み上げて文章を作る技能を鍛えることができます。

とはいえ、いきなり子どもに「作文を書きなさい」「日記をつけなさい」と言っても、何をどう書いてよいのかわかりません。最初は親がテーマを決めてあげましょう。**おすすめのテーマは「もし〜だったら（もしもクイズ）」**です。

「もしどこでもドアがあったらどこに行く？」と子どもに質問します。子どもは「ハワイ」などと答えるでしょう。そうしたら「なぜハワイに行きたいの？」と理由を聞いてください。「海で遊びたいから」「暖かいから」と子どもは答えるでしょう。さらに質問します。「どうして海で遊びたいの？」と聞けば「泳ぐのが楽しいから」「波を飛び越えるのが楽しいから」と答えます。ポイントは、クイズのように親子で楽しむことです。

質問を重ねて思考がまとまったら、作文を書かせてみてください。「もしどこでもドアがあったら私はハワイに行きます。ハワイは一年中暖かいので、いつでも海で遊ぶことができます。私はずっと水泳を習っているので泳ぐことが大好きです」という具合に、理路整然とした文章を書けるようになります。

作文は長く書けばよいというわけではありません。最初は自分の気持ちや考えをシンプルに伝えることに重点を置いてください。「私は〜したい、なぜならば〜だから」「私は〜が好きだ、なぜなら〜だから」「私は〜が嫌いだ、なぜなら〜だから」「私は〜へ行きたい、なぜなら〜だから」というパターンで書けるように導いてください。

小学3～4年のお子さんにはパソコンやタブレットで文章を書く練習を取り入れるのもおすすめです。鉛筆で書くのは面倒だという子も、パソコンだと面白がって書いてくれます。ブラインドタッチができることを目標に、タイピングソフト（ゲーム）を使って基本動作（指の置き方、変換方法など）を教えてあげましょう。ゲームなら、子どもは自分で楽しみながらタイピングを習得してくれます。

タイピングができるようになったら子ども専用のメールアカウントを作り、祖父母や親戚にメールを送る方法を教えてあげましょう。さらにテキストチャットのやり方を教えると、楽しみながら文章を書く練習を積み重ねることができます。

【「もしもクイズ」のお題集】

- もし自分が総理大臣になったら、どんな法律を作りますか？
- もし宝くじで1億円が当たったら、何に使いますか？
- もし透明人間だったら、どこに行って、何をしますか？
- もし願いが1つだけかなうなら、何をお願いしますか？
- もし電気がなくなったら、一番困ることは何ですか？
- もしアニメの主人公になれるなら、誰になりますか？

・もしどんな動物にもなれるとしたら何になりますか？
・もし歴史上の人物と話ができるとしたら、誰と何を話しますか？
・もし過去に行けるとしたら、どの時代の、どこに行きますか？
・もし未来に行けるとしたら、どこに行き、何をしたいですか？

英語（外国語）と相性ピッタリ！

共感者気質の子どもに実践してもらいたいのが「英語教育」です。コミュニケーション力が高い共感者気質の子どもは「英語が短期間で身につく」可能性が高いのです。私は長らく英語教育に関わっていますが、英語を短期間で習得する人の共通点は「コミュニケーションがうまい」ことです。

なぜコミュニケーション上手は英語習得が早いのか？

その理由は「非言語コミュニケーションに長けているから」です。

人間同士のコミュニケーションは言語情報が3割、非言語情報が7割といわれています（有名なメラビアンの法則は言語情報が7%、非言語情報が93%としていますが、この数字は誇張しすぎ、というのが専門家に共通する見方です）。

コミュニケーションにおいて「言語」はたった3割で、残りの7割は、その場の状況や雰囲気などのコンテクスト、さらに互いの表情、声のトーン、語気の雰囲気、身振り手振りなどの「非言語情報」によって意思疎通しているのです。

共感者気質の子どもは「察する力」や「共感する力」が高いことが特徴です。つまり、共感者気質の子どもは「非言語コミュニケーション力が高い」のです。相手の言わんとすることを、言葉だけでなく「全体の雰囲気」から読み取ることができるのです。

非言語コミュニケーション力は外国語を身につける上で欠かせない能力です。特に外国語の学び始めでは、言語よりも非言語に依存する割合が高くなります。単語をあまり知らないため、言葉以外の情報（相手の表情やジェスチャー）から全体を理解する力がなければ、全く意思疎通ができません。

アメリカの移民英語教育では「非言語コミュニケーション」を応用した指導が取り入れられています。わかりやすい例が「ロール・プレー」です。これは学習者が役割を演じて、その人物になりきって会話練習を行う取り組みです。たとえばお店の店員などの役割になりきり、身振り手振り、表情、声のトーンなどの非言語コミュニケーションスキルを駆使しながら意思疎通するトレーニングです。

共感者気質の子どもは、教科書で英語を学ぶ方法よりも、英語話者とコミュニケーションを取ることで効果的に英語を習得できます。今は英会話スクールに通わなくても英語話者と直接話をする機会はたくさんあります。学校にいる外国にルーツを持つ生徒、学校のＡＬＴ（外国語指導助手）の先生、地域の国際交流プログラム、ホームステイプログラムなどを活用しましょう。

34 共感者気質の子どもの「習い事」の選び方

共感者気質の子どもの習い事選びのキーワードも「コミュニケーション」です。習い事を通して、学年や性別を超えて多様な人と関わる経験、そして、集団の中で仲間と切磋琢磨する経験を積むことで、コミュニケーション力はもちろん、自己に対する自信や、自分らしい人生を追求していく「力強さ」も育むことができます。

共感者気質の子どもは良好な人間関係を維持することを好むため、自分よりも他人を優先する傾向があります。そのため相手を打ち負かす**「ガチ競争系の習い事」よりも集団での美しさや表現力の高さを競い合う「表現系の集団活動」**を検討するとベストマッチにたどり着く可能性が高まります。共感者気質の子どもに合う習い事選びのポイントは次の４つです。

① 「表現系の集団活動」を何か1つ検討する

② 「演劇」が超おすすめ！

③ 生徒会、ボランティアでリーダーシップが身につく

④ スピーチ（弁論）で「自分の軸」を育てる

「表現系の集団活動」から1つ選ぶ

共感者気質の子どもの習い事は「表現を伴うもの」で「チーム（ペアや集団）で行う分野」から見ていくと「特技」に引き上げやすいでしょう。

スポーツであれば、チアリーディング、バトントワリング、エアロビクス、新体操、アーティスティックスイミング、シンクロ板飛び込み、フィギュアスケート（ペア）、などです。

表現系アート分野なら、バレエ、チームダンス、ストリートダンス、タップダンスなど。音楽であれば合唱（コーラス）、吹奏楽、ロックやジャズバンドといった活動です。また地域の伝統芸能である子ども神楽などもアーティスティックな表現を伴う集団活動です。

共感者気質の子どもは「周囲との調和」を好みますから、右記のような仲間とピッタリ息を合わせる集団活動に取り組むと、潜在能力が発揮され、仲間との交流を楽しみながら技能もスムーズに向上させることができます。

ここで、第2章で選んだ「わが子にベストマッチの習い事」をもう一度見てみましょう。子どもの気質から、スポーツを1つ、スポーツ以外の習い事を2つ選択しているはずです（58ページ参照）。それらをここに書き出してみましょう。

p.58参照

1

2

3

選んだ習い事の中に「表現系の集団活動」があるか確認しましょう。もしある場合は、その習い事に参加してみることをおすすめします。表現系の集団活動が見当たらない場合は、何か1つ、仲間と行う習い事を検討してみましょう。

「演劇」が超おすすめ！

共感者気質の子どもにぜひ挑戦してもらいたいのが「演劇」です。日本ではまだマイナーな習い事かもしれませんが、欧米ではコミュニケーション教育に役立つという理由で人気の習い事です。演劇は「集団で行う表現活動」そのものですから、共感者気質の子どもにピッタリです。

イギリスでは演劇を通して歴史や国語などの教科を教える「ドラマ教育」が学校のカリキュラムに組み込まれるケースも多く、どの子も演劇を経験します。

アメリカでも演劇はスポーツに並んで人気が高い課外活動（部活）です。

なぜ欧米で子どもの演劇が人気なのか？

一番の理由は、**演劇を経験することで「コミュニケーション力」が向上する**からです。伝わりやすい発声／発音方法、目元や口元など表情の効果的な作り方、身振りやジェスチャーなどで人を魅了する技術など、演劇を通して言語と非言語、2つのコミュニケーションスキルが伸びるのです。

演劇は、演者だけでなく、台本作り、照明、音響、舞台美術、衣装、監督などたくさんの裏方さんの支えによって成立しています。素晴らしい演劇作品を作るという共通のゴールに向かって、多様な人たちと関わり、協力し合う経験が、子どものコミュニケーション力の幅を広げてくれるのです。

グローバル化が進んだ現代社会では、一部の気の合う仲間や年齢が近い友だちだけでなく、多様な人たちと良い人間関係を作り、共存することが求められます。演劇は社会で良好な人間関係を構築・維持していくためのトレーニングである。欧米ではそう考えられているのです。

今は半日や1日単位で気軽に参加できる子ども向けの演劇ワークショップが多く開催されていま

す。まずはそこからスタートすることをおすすめします。

演劇で「自己肯定感」が高まる

演劇を習うことで、子どもが自分の良い面を発見し、自己肯定感が高まる効果も期待できます。

米国ケンタッキー州の「シアターワークショップ・オブ・オーウェンズブロ」が演劇に参加した子どもを対象に行った調査によると、演劇を経験したことによって「84％」が「自分自身をより尊重するようになった」と答え、「78％」が「自分自身により満足している」と答えています。

自己肯定感が高まった理由として、「より良い自己規律が身につき（80％）」「同時に多くのことを処理できる能力が向上し（82％）」「自分のやるべきことがスムーズにできるようになった（78％）」と回答しています。

演劇は、安心できる環境（自己表現してもバカにされたり、からかわれる心配がない）の中で、子どもが体全体を使って思い切り自分を表現する場を提供してくれます。**あるがままの自分を表現し、仲間や大人から認めてもらうことによって、自分に対する自信を深めることができる**のです。

日本人は喜怒哀楽を顔に出さず、控えめな自己表現を好みがちです。しかし感情を抑え込むということは、自分自身を抑え込むことにつながります。子どもが自由に自己表現できる場、そして、それを周囲に受け入れてもらう場を与えることによって自己肯定感を高める効果が期待できます。

子どもが自己表現できる場として、「表現系の集団活動」を検討することをおすすめします。演劇の他にも、前項でご紹介した、ダンス、体操、トランポリン、バトントワリング、フィギュアスケートなど、身体表現を伴う習い事に取り組むことで、子どもは「コミュニケーション力」と「自己肯定感」の両面を高めていくことができます。

生徒会、ボランティアでリーダーシップを鍛える

共感者気質の子どもは、「優れたリーダー」になる可能性を秘めています。異なる意見をまとめたり、リーダーとなって周りを引っ張ったり、縁の下の力持ちになったり、あらゆる組織に欠かせないキーパーソンとなりえる素質があるのです。子どものリーダーシップ能力を伸ばす訓練として、学校の生徒会に参加することを検討してみましょう。

学級委員長や生徒会長に選ばれる子どもに共通するのは、コミュニケーション力が高く、誰からも信頼されることです。まさに共感者気質の子どもには適任です。実社会でぶつかるさまざまな問題を解決していく練習を学校生活で積むことで、社会に出た時に「チームの即戦力」として能力を思う存分発揮できることでしょう。

生徒会活動の他にも、地域の子ども会の世話役になったり、地域の伝統芸能（お祭りや催事でお囃子や神楽などを披露する活動）に参加したり、地域の清掃や自然保護などのボランティア活動に参加することで、子どもは世代を超えて幅広い人と交流することができます。

『The Journal of Labor Economics』に掲載された論文では、高校時代にリーダーシップを発揮した経験がある人は、リーダーシップを発揮した経験のない人と比較して、所得が4～33%高くなることが報告されています。もちろんお金が全てではありませんが、子ども時代に組織をまとめる役割、チームワークを鍛えておくことは、社会に出た時に活躍の幅を広げることにつながるのです。

スピーチ（弁論）で「自分の軸」を育てる

共感者気質の子どもは他者への共感性とコミュニケーション力が高いですから、スピーチ（弁論）に挑戦すると潜在能力を発揮できるかもしれません。まずは、親子で弁論大会のYouTube動画を視聴してみてください。同年代の子どもたちが堂々とステージで弁論を披露している姿に驚くと同時に、強い影響を受けるはずです。

弁論は、「自分の意見を、自分の言葉で、自分が表現すること」です。弁論の原稿を書くプロセスは「自分自身と本気で向き合う」ことでもあります。「自分は誰で、何を考え、何を大切にし、どう生きたいのか」、弁論を通して自分自身をより深く知ることができます。

もちろん「自分は誰なのか？」という問いの答えを簡単に見つけることはできません。多くの人はその答えを見つけるために人生の大半を過ごします。また成長とともに答えが変わっていくことも珍しくありません。たとえば、「お金」が一番大切だと思っていた人が、社会に出てお金を手にした後に、人生の優先順位が「家族」や「健康」に変わることがあります。

しかし、そうであっても多感なティーンエイジャー（13〜19歳）の時期に、自分と本気で向き合い、自分にとって何が大切なのかを問うことは、アイデンティティを形成する上で避けては通れないプロセスなのです。**アイデンティティを形成するというのは「自分の軸」を持つこと**です。弁論を通して子どもは、その時の「自分にとって何が大事なのか」を明確にし、自分の心に刻み込むことができるのです。

「周りに流されて自分で決められない」「自分が何をしたいのかわからない！」「自分はどう生きたいのかわからない」など、将来の夢を描けない若者が増えています。その原因の1つは「自分と本気で向き合う経験」を積んでいないことです。**自分の大切なものがわからなければ、人生の岐路において「良い選択」をすることができません。**

自分にとって大切なものは何か？　自分の「軸」は何か？

この問いに本気で向かい合うきっかけとして「弁論」を習い事の選択肢に加えてみましょう。

35 共感者気質の子どもの「学校」「職業」の選び方

共感者気質の子どもは「社交的」です。多様な人と出会い、関わる中で知識や技能や考える力を身につけていくことができます。学校選び、そして、将来の職業選択においてもコミュニケーション力を伸ばせる環境を見つけることが大切です。良い教師や仲間に囲まれ、互いに協力し、互いを高め合っていく。そんなポジティブな人間関係を作れる環境が共感者気質の子どもにとって最高の学びの場となります。共感者気質の子どもの学校選び・職業選択のポイントは次の４つです。

①保育園・幼稚園は「ポジティブな人間関係」を重視

②どんな小学校に通うかよりも、「何をするか」がポイント

③中学・高校は「集団活動の充実度」で選ぶ

④どの職業もＯＫ！ 医師・教師など「コミュ力」を活かす職業がピッタリ

保育園・幼稚園は「ポジティブな人間関係」を重視

共感者気質の子どもは「人懐こい」ですから、基本的にはどんな保育園・幼稚園に通っても園生活を楽しめます。ただ、コミュニケーション力の育成を考える場合、「イベントが多い園」が好ましいでしょう。歌やダンスの発表会、お遊戯会、遠足、イモ掘り、社会見学など、イベントが多いほど多様な人との関わりが経験でき、コミュニケーション力が発達しやすいでしょう。

もう1つ共感者気質の子どもの保育園・幼稚園選びで大切なポイントが「家庭の教育方針と合っていること」です。たとえば、キリスト教や仏教などを土台としている園は、教義にまつわる行事や指導を重視します。国立大学付属幼稚園は、教員の養成、教育に関する研究という役割を担っています。私立保育園・幼稚園はそれぞれの理念に基づいた教育指導を重視しています。このように保育園・幼稚園の教育方針は千差万別ですから、家庭の教育方針に近いところであるほど「家庭と園のズレ」が少なく、子どもにとって技能を伸ばしやすい場所となるでしょう。

保育園・幼稚園の教育方針は大きく次の3つに分かれます。

(1) 学力重視の園(一斉保育/私立大付属など)
(2) 主体性重視の園(自由保育/国立大付属など)
(3) 教育理念重視の園(宗教系/モンテッソーリなど)

家庭と園で一貫性のある教育指導（しつけや行動規範など）を実現するためには、家庭の教育方針とマッチした園を選ぶことが好ましいでしょう。特に家庭の教育方針が決まっていないという場合は、パートナーと家庭の教育方針について話し合う場を持ちましょう。

あくまでも一般論ですが、子どもの人間関係を重視するのであれば、ベテラン教師が多く、幼稚園から小学校まで同じ仲間と過ごせる「国立・私立大学付属幼稚園」を選択肢に入れるとよいかもしれません。また、モンテッソーリのように「縦割り保育」を取り入れている園は、幅広い年齢の子どもたちと交流できるのでコミュニケーション力が発達しやすいといえます。

いずれの場合も保育園・幼稚園の名前や周囲の意見に振り回されないように、しっかりとパートナーと意見交換した上でベストマッチの園を選ぶことが大切です。いくつか候補を見つけたら、園を訪問して自分の目で雰囲気を確かめてください。園長先生や保育士の人柄や雰囲気、子どもたちの表情や遊んでいる様子、送迎に来ている保護者の雰囲気を見れば、その園に関わる人たちの人間関係がなんとなくわかるはずです。

子どもの教育に関わる人たちが協力的・友好的で団結しているほど、子どもにとっても安全で過ごしやすい環境となります。子どもの対人関係の土台を作る幼児期に「ポジティブな人間関係を作れる環境かどうか」、親がしっかりと見極めてください。

どの小学校に通うかよりも、「何をするか」がポイント

共感者気質の子どもは「社交的」で「協調性」がありますから、基本的にはどんな小学校にも適応することができます。もちろん共感者気質の子どもの良い面である「コミュニケーション力」を伸ばすには、**経験豊富な教師や多様な仲間に囲まれていることが理想**です。国立大学付属小学校や私立大学付属小学校なども（通学圏にあれば）候補に入れるとよいかもしれません。

大学付属小学校は、ほとんどの生徒がエスカレーター式に中学・高校へと進学していきますから、子どもが良い人間関係、生涯の親友を作りやすい環境といえます。また大学付属小学校には、勉強が得意な子、スポーツが得意な子、音楽やアートが得意な子など、個性豊かな児童が集まってきますから、多様な人と出会うチャンスがあるという面でも、共感者気質の子どもに向いているといえます。

さらに、私立小学校や国立小学校の多くが「ＳＴＥＡＭ教育」や「アクティブラーニング」など「グループワーク」を中心とする最新の教育を取り入れているのも魅力です。ＳＴＥＡＭ教育というのは、グループ単位でロボット制作やプログラミングを学ぶ取り組みです。アクティブラーニングは児童を活発なディスカッションに参加させ、気づきと理解を深める取り組みです。先生が一方的に講義して、児童が授業を聞くという学習スタイルよりも、このような**集団での活発なやりとりが多いほど、共感者気質の子どもはスムーズに知識と技能を身につけていくことができます。**

どんな小学校に通おうとも、共感者気質の子どもを伸ばす重要なポイントが「どんな活動に参加するか」です。毎日学校に通って、受け身的に授業を聞いているだけでは共感者気質の子どもの良い面を引き出すことはできません。

どの小学校にも、高学年になると、児童会（生徒会）や委員会（図書係、体育係、保健係、給食係、美化係）などの「ボランティア活動」があると思います。このような任意の活動に参加することで、学校コミュニティーの一員として、学校をより良い環境に変えていくプロセス（リーダーシップ）を経験することができます。

同様に、小学校に部活動や課外活動の機会があれば、参加を検討してください。合唱クラブ、吹奏楽クラブ、各種スポーツなどに参加することで、学級や学年を離れ、多様な生徒との交流ができます。さらに、仲間と支え合い、共通の目標に向かって努力することの大切さ、コーチや親など裏で支えてくれる人たちへの感謝の気持ちを育むことができます。

この経験が共感者気質の子どもの良い面である「コミュニケーション力」を伸ばし、自分らしさ（自分独自の意見や考え）を持つことに発展していくのです。共感者気質の子どもの小学校選びは、どの学校を選ぶかよりも「小学校でどんな活動をするか」がより大切です。良い人間関係が構築できるように子どもに合った「活動」を探してあげましょう。

中学・高校は「集団活動の充実度」で選ぶ

共感者気質の子どもの中学・高校選びのポイントは「集団活動の充実度」です。共感者気質の子どもは「集団での活発なやりとり」を通して多くを学び取る能力に長けています。この力を伸ばすためには、**生徒が一致団結して取り組む「アツイ学校行事」がある学校がピッタリ**です。アクティブラーニングなどのグループワークに熱心な学校、生徒会や部活動に本気で取り組む学校から探すのもよいでしょう。

日本の伝統文化に本気な学校もあります。青森県の進学校である県立弘前高等学校の全生徒が取り組むのが「弘高（ひろこう）ねぷた」です。クラスごとに「ねぷた」を制作し、実際に弘前市中を練り歩く行事です。全校生徒が浴衣に着替え、「ヤーヤードー」と声を荒らげながら、自分たちで作った「ねぷた」を引き練り歩く姿は、地元の弘前住民たちが毎年楽しみにしている夏の風物詩になっています。

皆さんのお住まいの地域にも伝統行事が多い学校、部活動に熱心な学校、グループワークに熱心な学校が必ずあるはずです。子どもにベストマッチの学校を探すためにも、候補先の学校の体育祭や文化祭を子どもと一緒に見に行ってみましょう。在校生が本気で何かに取り組む姿に感動し、「自分もこの学校に通いたい！」と自ら目標を持つようになるはずです。

どの職業もOK!
医師・教師など「コミュ力」を活かす職業がピッタリ

共感者気質の子どもは生まれながらの「コミュニケーター」です。優れた特性である「コミュニケーション力」を、学齢期を通して大きく伸ばすことができれば、社会に出た時に「即戦力」として、どんな会社や組織でも大活躍することができます。

これを実現するためには、コミュニケーション力の発達を子どもや学校任せにせず、家庭、習い事、地域社会において多様な人と関わる機会を作ることを「親が」実践してください。子どもの人間関係が狭い世界に限定されないように、親が意識して子どもに広い世界を見せてあげましょう。

共感者気質の子は、基本的には、どのような職業に就いても組織をまとめるリーダーとして活躍できます。中でもピッタリなのは「コミュニケーション力を活かせる分野」です。たとえば、**接客**や**セールス**などのサービス業。**医師**、**看護師**、**介護士**、**カウンセラー**といった医療関係。共感性が要求される**教師**、**保育士**、**教育カウンセラー**といった職種が挙げられます。

また、共感者気質の人は「周囲から愛される」傾向が強いので、**タレント**や**アイドル**など芸能関係の仕事にも向いているかもしれません。さらに、多様なコミュニケーションで培った言語力を活かして**作家**、**記者**、**シナリオライター**、**コピーライター**、**編集者**などの仕事も可能性ありです。

ただ、1つ注意すべきな傾向が、**他者に共感しすぎてしまうあまり自分を犠牲にしてしまう**ことです。他人を優先しすぎると自分の心を疲弊させてしまうことにつながります。

相手の意見を否定したり自分の意見を通すと嫌われるのでは、と過剰に心配するのが共感者気質の性分です。だからこそ、「本当に良い人間関係を築くには、相手を受け入れるだけでなく、自分の意見をしっかりと持つのが大切であること」を子どもに伝え続けましょう。

子どもが自分独自の意見を持ち、自信を持って自己表現できるように導くには、本章で説明してきたように、学校や習い事を通して集団活動を多く経験させること、そして、自己アイデンティティを確立できるように多様な人との出会いを経験させることを「学齢期を通して」実践することがポイントです。

あとがき

最後までお読みいただきまして本当にありがとうございます。

わが子の「強み育て」のロードマップがイメージできたでしょうか？

まだ習い事を始めていない、あるいは習い事を見直しているという方は第2章「子どもにベストマッチの習い事を探そう！」を参考に「強み育て」に取り組んでください。すでに習い事を始めている方は、習い事を趣味レベルで終わらせず、特技に引き上げるプロセスをぜひ実践してください。子どもの表情が明るくなり、主体的に物事に取り組む態度が形成されていくことに驚くはずです。

強み育てのゴールは英才教育を施してその道のプロにすることではありません。**「成功体験」と「失敗体験」を通して子どもの「自信」と「メンタルタフネス」を強固にすることが目的**です。

子どもが自発的な意欲で物事に挑み、本気で努力し、成功を勝ち取るプロセスは人生を前向きに生きるエネルギーの源泉である「自信」を大きくしてくれます。一生懸命努力したにもかかわらず失敗してしまった経験は、挫折や逆境から立ち直る回復力はもちろん、課題発見力、分析力、問題解決力など、成功体験以上に多くのことを教えてくれます。

現代のグローバル競争社会を生きる子どもたちは激しい競争とストレスから逃れることはできません。だから、子どもが社会に羽ばたく前に「強い心」の土台を作ることが重要です。強い心は、未来の挑戦に立ち向かい、理想を追求していくための「盾」として子どもを困難から守ってくれます。

本書でご紹介した「5つの気質」は、誰にでも「まんべんなく備わっているもの」です。一人ひとり「強弱の組み合わせが違う」のです。ある人は商人気質と共感者気質が強く、ある人はパフォーマー気質と研究者気質が強い。このような組み合わせの違いが「個性」となり、「自分らしさ」に発展するのです。

親が子どもの強みを見極め、興味や関心を持っていることをサポートし、個性を尊重して接していると、子どもは自己に対して肯定的なイメージを持つことができます。すると、成功へ向けての一歩を踏み出す勇気が生まれ、粘り強く自己実現を追求できるたくましい大人へと成長していくのです。

私は5000人以上の子どもを間近に見てきた経験から断言できます。

この世に「強み」のない子など、ただの一人もいません。どの子も「強みの芽」を持って生まれてきます。他の子どもとは違ったところ、興味の強いこと、性格や身体的な特性など、必ず1つ以上あります。**大切なのは「親が」強みの芽に水と栄養を与えて、大きく伸ばしてあげること**です。

本書でご紹介した強み育てのアプローチの中で、「これはやってみたい！」「わが子にはこれが向いているかもしれない！」ということが1つでもあれば、ぜひ実践してください。強みに裏打ちされた「自信」という「人生最高の宝物」を子どもに与えることができるはずです。

子どもたちが未来へ向かって自信を持って歩んでいけるように、そして、皆様の子育てが素晴らしいものになることを心から願っています。

船津　徹

［著者］
船津徹（ふなつ・とおる）
1966年福岡県生まれ。明治大学経営学部卒業後、金融会社勤務を経て幼児教育会社に勤務。その後独立し、米ハワイ州に移住。2001年ホノルルにTLC for Kidsを設立。世界で活躍できるグローバル人材を育てるための英語教育プログラム「TLCフォニックス」を開発。同プログラムは全米25万人の教師が加盟する「OpenEd」で第2位にランクイン。25年間で延べ5000名以上のバイリンガルを育成。同校の卒業生の多くがハーバード大学、イェール大学、コロンビア大学、ペンシルバニア大学、東京大学など世界トップ大学へ進学しグローバルに活躍している。著書に『世界標準の子育て』（ダイヤモンド社）『すべての子どもは天才になれる、親（あなた）の行動で。』（ダイヤモンド社）などがある。

【TLCフォニックスホームページ】
https://tlcphonics.com/

「強み」を生み出す育て方
――【賢さ】【やる気】【コミュ力】が絶対身につく！

2023年12月5日　第1刷発行
2024年3月22日　第4刷発行

著　者――船津徹
発行所――ダイヤモンド社
〒150-8409　東京都渋谷区神宮前6-12-17
https://www.diamond.co.jp/
電話／03･5778･7214（編集）　03･5778･7240（販売）

ブックデザイン―小口翔平＋須貝美咲（tobufune）
校正――渡辺公子
製作進行――ダイヤモンド・グラフィック社
本文デザイン・DTP―水谷明彦（ダイヤモンド・グラフィック社）
印刷――勇進印刷
製本――本間製本
スペシャルムービー制作―鈴木博之
Special Thanks―船津育子
編集担当――加藤桃子

ISBN 978-4-478-11933-4